商标品牌服务高质量发展案例分析

济南商标审查协作中心　编著

山东大学出版社
SHANDONG UNIVERSITY PRESS
·济南·

图书在版编目(CIP)数据

商标品牌服务高质量发展案例分析/济南商标审查协作中心编著. --济南:山东大学出版社,2025.4

ISBN 978-7-5607-8813-5

Ⅰ. D923.435

中国国家版本馆 CIP 数据核字第 20252KT030 号

策划编辑　傅　侃
责任编辑　武迎新
封面设计　王秋忆

商标品牌服务高质量发展案例分析
SHANGBIAO PINPAI FUWU GAOZHILIANG FAZHAN ANLI FENXI

出版发行　山东大学出版社
社　　址　山东省济南市山大南路 20 号
邮政编码　250100
发行热线　(0531)88363008
经　　销　新华书店
印　　刷　山东星海彩印有限公司
规　　格　720 毫米×1000 毫米　1/16
　　　　　17.5 印张　240 千字
版　　次　2025 年 4 月第 1 版
印　　次　2025 年 4 月第 1 次印刷
定　　价　50.00 元

商标品牌服务高质量发展案例分析

编委会

主　　编：李志伟　林振强

副 主 编：李炳忠　赵凯媛

顾　　问：徐志松　宫卫清　韩秀花

编　　委：王月平　薛玉燕　常祺祺　何庆焕　王睿哲

陈浩彬　杨鲁天　胡卓君　孙祥祥　张伊帆

王　磊　甄　诚　成　君　王兴玲　刘　洋

刘世安　宋维琪　徐楠楠　张娅婷　于红雷

王中秀　邢梦雪　齐宝杰　朱晓梅　王　刚

陈妍钊　鞠　萍　赵正杰　刘　旭　赵君和

贾菁菁　王永超　田　宇　朱远航　贾开丽

吴　霜　段　莹　刘惠惠　李金妮　韩庆娜

张大力　王韶华　康寅磊　李鸿源　吴　菁

前　言

商标作为知识产权的重要组成部分，品牌作为高质量发展的重要象征，在加快推进知识产权强国建设、促进经济社会高质量发展中的地位和作用日益凸显。山东高度重视商标品牌建设工作，加强与“好客山东”“好品山东”品牌建设联动，深入实施商标品牌价值提升行动，加强商标品牌指导站的规范管理和能力建设，为新一代信息技术、高端装备、纺织服装等产业链企业提供专业化服务，支持企业加大对知名商标品牌合法权益保护力度，开展商标海外布局及品牌宣传推介，培育一批特色鲜明、具有较强市场竞争力和国际影响力的知名商标品牌。

鉴于商标工作的专业性和其基础原理的复杂性，济南商标审查协作中心强化案例指导功能，组织50余名商标审查和商标服务一线业务骨干，从商标工作实践出发，以一个个真实具体的典型案例为切入口，通过对案例背景的详细介绍、解决路径的细致阐释以及经验启示的深入分析，总结提炼经营主体商标注册保护遇到的共性问题和一般规律，给予法律适用和业务办理的专业指导。旨在帮助企业加强商标布局和管理，增强企业商标品牌保护意识，助力更多的中国企业、中国品牌“走出去”，同时为行政司法部门查办商标侵权案件提供有力支持，积极推动构建知识产权协同保护工作格局，更好地服务经济社会高质量发展。

本书分为品牌培育服务篇、行政司法服务篇、海外商标服务篇和调查研究分析篇四部分，涵盖商标创造、运用、保护、管理、服务全链条，展现了济南商标审查协作中心商标工作重点举措，呈现了商标品牌服务企业、服务产业的实际成效。本书内容丰富、语言通俗易懂，既是知识产权领域的专业图书，也是商标工作重要的科普读物，对企业、行政司法部门及一般社会公众了解商标品牌工作，具有重要参考价值。

鉴于本书编撰时间较短，编者能力、精力有限，加之具体商标工作实践所遇问题的专业性和复杂性，书中难免有错漏及不足之处，敬请广大读者及同人批评指正，不胜感激。

编　者

2024 年 12 月

目　录

品牌培育服务篇

行政司法服务篇

海外商标服务篇

调查研究分析篇

品牌培育服务篇

品牌是影响企业发展的重要市场资源，企业需要用品牌吸引消费者，需要用品牌传达自己的使命。商标是品牌的法律载体，将商标战略引入品牌建设有助于增强企业的市场竞争力。近年来，随着我国商标法律制度的不断发展与完善，在党中央、国务院关于强化知识产权保护方针政策的指引下，我国商标事业发展不断迈入新的阶段，取得显著成效。截至2023年年底，我国有效注册商标量为4614.6万件，同比增长8.1%。

面对我国商标事业蓬勃发展的趋势，为满足广大经营主体和创新主体对商标品牌培育的实际需求，本篇结合工作实际，分析整理商标品牌培育典型案例，以期为社会公众和经营主体开展商标注册、运用和保护等品牌培育工作提供借鉴和参考。

以山东某酒业公司商标案为例谈不得作为商标使用的情形

一、案例背景

山东某酒业有限公司是一家山东省本土白酒生产经营企业。作为一家刚刚成立的公司，为开拓市场份额，扩大宣传范围，提高宣传力度，提升自身品牌影响力，拟注册“玉清整粒高粱酒”商标用于酒类销售。

二、案例分析

经济南商标审查协作中心专家团队认真研究，“玉清整粒高粱酒”商标使用在33类白酒上通过商标审查的概率较低，遂结合企业情况给出以下建议：

1.“玉清”属于道教用语，用作商标有伤相关公众的宗教感情，易产生不良影响，不建议作为商标使用。

2.“高粱酒”作为商标的一部分使用在33类上，易使消费者对商品的原料产生误认，仅能申请在33类“高粱酒”一个商品上，且“整粒”与“高粱”两个词汇组合使用易使消费者对商品的品质产生误认，建议去掉或者更换非主要显著部分的词语。

3.专家团队建议更换商标，进行商标预先审查，从而提升商标注册审查通过率。

该公司后来提交了“郎茂山特酿”“醉珍珠”“芙蓉泉”“无忧泉”“涌腾泉”“玛瑙泉”“金线泉”商标的预审申请，其中“郎茂山特酿”“芙蓉泉”等商标因有近似的在先商标专用权，预审通过率较低，“醉珍珠”“涌腾泉”商标通过率较高，建议直接提交注册。

三、案例启示

《中华人民共和国商标法》(以下简称《商标法》)第十条第一款第七项规定，带有欺骗性、容易使公众对商品的质量等特点或者产地产生误认的标志，不得作为商标使用。《商标法》第十条第一款第八项规定，有害于社会主义道德风尚或者有其他不良影响的标志，不得作为商标使用。

商标作为提升品牌影响力、助力企业提升市场份额的重要工具，还承载着企业的信誉、文化，甚至决定着企业的社会价值、市场地位，对于促进市场经济发展、营造公平竞争的市场环境具有重要的作用。任何企业和个人在申请商标注册时，一定要经过慎重考虑，同时做好商标监控，在追求创新的同时不能对政治、经济、文化、宗教、民族等社会公共利益和公共秩序产生消极、负面的影响，在考虑经济效益的同时也不能忽视社会效益。

以服务某文化集团案为例
谈商标规范申请

一、案例背景

某集团是国家重点扶持的大型广告文化企业。该集团获准注册商标20余件，在审商标10余件，注册商标成功率71.4%，高于全国平均水平。该集团在注册商标过程中存在一些问题，导致申请的商标被驳回。例如，该集团申请了含不规范汉字的商标图样，违反了《商标法》第十条第一款第八项规定，按照现行商标审查审理标准，被以“易使公众特别是未成年对汉字书写产生错误认知，用作商标易产生不良影响”为由驳回。

二、案例分析

济南商标审查协作中心根据该集团商标工作实际情况，依托专家团队进行了分析研判（见图1-1），提出以下几点建议：

1.规范字体申请。在注册申请阶段，申请人应采用规范字体、不缺少笔画的艺术字体或者有据可查的书法字体申请注册。

2.商标名称具有一定独特性。切忌蹭名牌、模仿社会热点及申请名人姓名，否则可能会被定性为恶意申请依法驳回。

3.在相关类别上避免误导性表述。尽量避免误导性表述,特别是对相关的贵重金属、微量元素,如眼镜架上含“钛”,或者食品上含有“硒”“钙”等元素的表述。

4.先核心,后相关。首先在核心类别申请注册商标,后期可根据市场发展需要,再去覆盖相关类别,为下一步市场拓展提供储备;或者在核心商标周边申请一部分近似商标,以提高核心商标的抗压能力。

5.预先咨询。为提高商标注册申请通过率,在注册申请前可到济南商标审查协作中心进行商标预审咨询。

图 1-1 “商标赋能·入园惠企”走进某广告企业

三、案例启示

我们可以从此案例中得到以下启示:一是坚持商标合理布局。该集团早期注册的“虎者”“潮跑玩趴”等商标,后期可以在做好核心类别商品商标的基础上加大保护力度,根据企业发展战略,提前向可能涉及或者明确在未来要进入的领域先行注册核心商标,避免后期出现相同或近似商标被驳回的风险。二是坚持商标注册先易后难。组合商标可分开申请,以提高初审核准率。

以“法度云”商标案为例
谈商标注册申请中的不良影响词汇规避

一、案例背景

某信息科技有限公司依托互联网、人工智能(AI)、大数据等前沿技术，自主研发出一款“AI+法律服务”的应用软件，取名“法度云”。该公司相关主体在第45类“仲裁、调解、法律服务”等服务项目上申请了“法度云”商标，收到了驳回通知书。申请人主动寻求济南商标审查协作中心业务指导。

二、案例分析

济南商标审查协作中心了解到该信息科技有限公司的诉求后，依托现有专家团队，对该件“法度云”商标的驳回理由进行了解释。“法度”即为“法律制度”，作为商标使用易产生不良影响，且指定使用在“法律服务”等相关服务项目上，缺乏显著特征，用作商标不易与他人的服务项目进行区分，违反了《商标法》第十条和第十一条的相关规定，注册申请被驳回。

对该公司的后续商标申请，济南商标审查协作中心提出多项建议，如规避“法度”等用作商标易产生不良影响的词汇，结合商标使用的商品或服务类别，规避缺乏显著性或显著性较弱的词汇。同时发挥商标预审窗口作用，对申请人有意向注册的商标进行初步筛选，提出合理的指导意见。

最终该公司选择了符合当下法律规定的词汇，重新办理了商标注册申请。

三、案例启示

随着《商标法》的修订和《商标审查审理指南》的出台，商标审查实践过程中的相关审查审理标准也在发生相应的变化。在商标注册申请的过程中，市场主体要结合最新的规定要求，选择能够将自身的商品或服务与他人进行有效区别且符合法律规定和社会公序良俗的词汇，避开社会热点词汇、缺乏显著性的词汇以及易产生不良影响的相关词汇，提高商标注册申请质量，提升商标注册成功率。

以“甘丹”商标案为例 谈商标注册申请中的宗教用语规避

一、案例背景

山东省某驻藏干部，为推进西藏地区旅游业发展，提升地区影响力，带动地区经济增长，拟以当地名义申请注册“珠峰藏味”“寻味珠峰”“甘丹”等商标，用于餐饮服务、广告宣传、旅游安排等服务项目，遂向济南商标审查协作中心商标预审窗口提出业务指导诉求。

二、案例分析

济南商标审查协作中心了解到相关诉求后，依托现有专家团队，对“珠峰藏味”“寻味珠峰”“甘丹”等商标进行了分析研判。

“珠峰藏味”“寻味珠峰”等词汇在餐饮服务、广告宣传、旅游安排等服务项目上均有近似的在先案例，权利状态稳定，依据《商标法》第三十条、第三十一条的相关规定，直接申请准予注册的可能性较小。建议增加显著性的词汇或者替换同音的字，如“天天寻味珠峰”“诸峰藏味”等，以提高通过率。

“甘丹”则关联甘丹寺、甘丹教，为宗教用语，依据《商标审查审理指南》相关规定，“宗教活动地点、场所的名称、图形及其组合，申请注册商标，被判定为有害于宗教信仰、宗教感情或者民间信仰”，应依据《商标法》第十条第一款第八项的规定，以易产生不良影响为由驳回。

三、案例启示

《商标法》第十条第一款第八项规定了有害于社会主义道德风尚或者有其他不良影响的标志，不得作为商标使用，《商标审查审理指南》对“其他不良影响”进行了明确，列举了政治不良影响，对我国经济、文化、民族、宗教、社会易产生消极、负面影响，损害公共利益、扰乱公共秩序等多种情形。在宗教信仰、宗教感情或者民间信仰等方面，《商标审查审理指南》明确了标志中有宗教或者民间信仰对象的名称、图形及其组合，宗教活动地点、场所的名称、图形及其组合，宗教的教派、经书、用语、仪式、习俗、专属用品，以及宗教人士的称谓、形象等，判定为有害于宗教信仰、宗教感情或者民间信仰的，不得作为商标使用。

诸如此类的商标，有可能对我国文化领域的社会公共利益和公共秩序产生消极、负面影响，在商标审查过程中，审查员不仅会对商标的字面含义进行审查，还会对商标的文化属性和社会的主流价值取向进行审查，建议市场主体在提交商标申请时规避宗教用语。

以“重庆江湖菜”商标案为例 谈县级以上行政区划名称作为商标使用情况

一、案例背景

某餐饮店欲在餐饮行业申请注册“重庆江湖菜”商标，在济南商标审查协作中心商标预审窗口提出业务指导诉求。

二、案例分析

济南商标审查协作中心依托专家团队，对该餐饮店的诉求进行了分析研判（见图 1-2）。《商标法》第十条规定：县级以上行政区划的地名或者公众知晓的外国地名，不得作为商标。但是，地名具有其他含义或者作为集体商标、证明商标组成部分的除外；已经注册的使用地名的商标继续有效。“重庆”作为县级以上行政区划的名称，不得作为商标使用。建议该餐饮店在商标图样中不使用“重庆”，同时在“江湖菜”前后增加具有显著性的词汇，如“山川情江湖菜”“江湖山川情”等（仅为举例），既规避了地名的限制，又增加了商标的显著性。为提高商标注册申请的通过率，建议在注册申请前到济南商标审查协作中心进行商标预先审查。

图 1-2　对山东某餐饮店进行业务指导

三、案例启示

禁止将县级以上行政区划名称或者公众熟知的外国名称作为商标使用和注册,主要考虑以下因素:

1.这些名称一般只能描述产品的产地,而不能描述产品的生产者,不具备商标的区分功能。

2.如果申请人的住所在其申请的我国县级以上行政区划地名范围内,或者其住所在其申请的公众知晓的外国地名范围内,申请人将该区划地名或者外国地名注册为商标,将取得该地名上的专用权,这会妨碍他人在商业活动中正常使用该地名。

3.申请人住所不在其申请的我国县级以上行政区划地名范围内,或者住所不在其申请的公众知晓的外国地名所覆盖的区域内,由于其提供的产品不是该地区生产的,公众容易对这些地名的商品或服务来源产生误认。

以“孔令双面馆”商标案为例
谈餐饮行业商标的显著性

一、案例背景

申请人欲注册“孔家面馆”商标，在向济南商标审查协作中心提交商标申请时，窗口工作人员提示申请人仅以“姓氏＋服务”为名称构成商标，注册成功率较低。通过对该商标进行预先审查，帮助申请人修改商标名称为“孔令双面馆”。申请人对工作人员的悉心服务表示衷心感谢，并送锦旗。

二、案例分析

商标的显著特征是指商标所具有的标示商品或服务出处并使之区别于其他市场主体商品或服务的属性，这是商标的灵魂所在。《商标法》第十一条第一款第三项规定：“其他缺乏显著特征的商标，不得作为商标注册。”即当商标无法起到帮助消费者识别商品或者服务来源的作用时，就会被认定为缺乏显著特征。

2022 年，国家知识产权局发布的《餐饮行业商标注册申请与使用指引（试行）》（以下简称《指引》）指出，根据《商标法》第十一条第一款的立法意旨，缺乏显著特征是指仅有本商品的通用名称、通用图形、通用型号的标志，仅直接表示商品的质量、主要原料、功能、用途、重量、数量及其他特点的标志以及其他缺乏显著特征的标志。常见情形包括以下几类：

（一）标志仅有餐饮类商品或服务项目的通用名称、通用图形

1.标志仅有餐饮类商品通用名称。例如“面包”“蛋糕”“肉夹馍”等。

2.标志仅有餐饮服务通用名称。例如“餐厅”“中餐馆”“西餐厅”“小饭桌”等。

3.标志仅有餐饮类商品或服务通用图形，如图 1-3 所示。

图 1-3　通用图形

（二）标志仅直接表示餐饮类商品或服务的质量、主要原料、功能、用途、重量、数量及其他特点

1.标志仅直接表示餐饮类商品或服务的质量。例如“超好吃”“优质”“优品”等。

2.标志仅直接表示餐饮类商品或服务的主要原料。例如“老母鸡”“黑山羊”“大闸蟹”等。

3.标志仅直接表示餐饮类商品或服务的功能、用途。例如“减肥餐”“养胃食品”“月子餐”等。

4.标志仅直接表示餐饮类商品或服务的重量、数量。例如：在“以谷物为主的零食小吃”商品上申请“80 克”商标，在“饭店”服务上申请“一日三餐”等。

5.标志仅直接表示餐饮类商品或服务的其他特点。例如：

（1）仅直接表示特定消费/使用对象或提供者的“业主餐厅”“亲子餐厅”等。

（2）仅直接表示价格的“十元一份”等。

（3）仅直接表示服务内容的“海鲜餐厅”“家常”“农家菜”“打边炉”“麻辣

烫”等。

(4)仅直接表示风格或者风味的“杭帮菜”“重庆火锅”“川味”“酸甜”“甘甜可口”等。

(5)仅直接表示使用方式方法的“堂食”“自助”“外卖”等。

(6)仅直接表示生产工艺的“爆炒”“清蒸”“铁板烧”“铁锅炖”“卤制”等。

(7)仅直接表示生产时间、时令、年份等特点的“20220202”“2020”“立春”“清明”“端午”等。

(8)仅直接表示有效期限、保质期或者服务时间的“全天”“24 小时”等。

(9)仅直接表示经营场所、商品销售场所或者地域范围的“美食城”“小吃街”等。

(10)仅直接表示技术特点、商业模式的“VR 体验餐厅”“无人自助餐厅”“旋转餐厅”等。

(三)其他缺乏显著特征的情形

1.标志仅由餐饮类商品的外包装、容器或者餐具常用装饰性图案等构成。

2.标志仅由表示餐饮类商品或服务特点的短语、句子,或者普通广告宣传用语构成。例如,“美味佳肴,令人垂涎三尺”。

3.标志仅由常见姓氏构成或常见姓氏加通用名称构成,一般属于其他缺乏显著特征。例如,在“馅饼”商品上申请“王记”“王记馅饼”商标,在餐饮服务上申请“李氏”“李氏麻辣烫”商标等。

三、案例启示

我国拥有庞大的餐饮市场与数量众多的餐饮主体,商标注册和使用的需求旺盛。对于餐饮行业市场主体而言,商标是其树立品牌形象、提高企业知名度和吸引消费者的关键因素,既是企业宝贵的无形资产,也是企业打造核心竞争力的关键。

对于广大餐饮业市场主体而言,设计过于复杂的商标图样往往觉得费时费力,而以姓氏或姓氏与餐饮业通用名称的组合构成商标来进行申请通常是其首选。但是,《指引》中对于仅由常见姓氏或常见姓氏与餐饮业通用名称组合构成的标志,一般认定为属于其他缺乏显著特征的情形。餐饮业市场主体在提交商标注册申请时应尽量避免使用仅由常见姓氏或常见姓氏与餐饮业通用名称组合构成的标志。如确需使用,则应在商标中添加主要显著部分,使其具备能与其他市场主体的商品或服务相区分的属性。

从补正通知书案例
谈商标注册申请中规范提交商标图样

一、案例背景

某申请人提交了商标注册申请，但是收到了商标局发送的补正通知书，商标局要求其提交清晰的商标图样。申请人担心影响商标注册申请流程，遂向济南商标审查协作中心提出咨询。

二、指导建议

接到该申请人咨询后，济南商标审查协作中心工作人员认真研究补正通知书内容，发现申请人提交的商标图样中有一部分英文字母不清晰，因此商标局发送了补正通知书，要求提供英文字母清晰的商标图样。了解到补正通知内容后，中心专家团队指导申请人通过回文系统及时上传了清晰的商标图样，确保了商标申请的正常进行。

三、案例分析

《商标审查审理指南》上编第一部分第二章 4.2.2 中有关商标图样补正的情形有以下几种：

1.申请书中的商标图样不清晰,图形或文字难以辨认的。

2.商标图样中含有商标注册标记的,或者需要对商标图样中的文字或商标设计予以说明的。

3.声明以三维标志申请商标注册,但商标图样不符合要求的,或者未在申请书中报送商标使用方式的。

现结合具体案例对几种常见的商标补正情形进行分析。

【案例 1】商标图样含有不清晰的部分(见图 1-4)。

图 1-4 包含两部分,左侧部分为“KOUER”,但是右侧部分内容不够清晰,无法识别内容,因此,属于“商标图样不清晰,图形或文字难以辨认的”情形。在提交商标注册申请时,商标图样应确保每一部分均清晰可识别。

图 1-4　图样不清晰商标

【案例 2】商标图样包含商标注册标记(见图 1-5)。

图 1-5 除了包含英文外,还含有商标注册标记,属于“商标图样中含有商标注册标记的”情形。在提交商标注册申请时,商标图样应避免出现商标注册标记。

图 1-5　含有商标注册标记商标

【案例 3】商标图样包含其他无关内容,例如含有光标符号、不完整边框线、污渍、回车符号及其他说明性文字等(见图 1-6、图 1-7)。

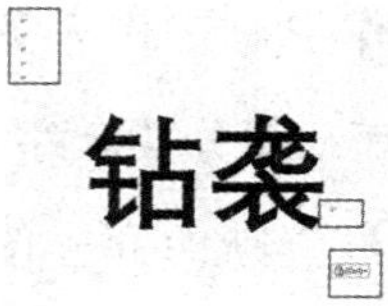

图 1-6　含有无关内容的商标(1)

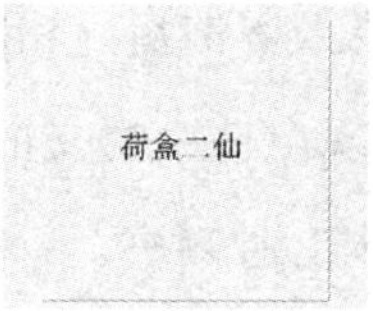

图 1-7　含有无关内容的商标(2)

图 1-6、图 1-7 除了包含文字,还含有回车符号、不完整边框线等内容,属于“需要对商标图样中的文字或商标设计予以说明的”情形。在提交商标注册申请时,商标图样应尽量避免出现与注册商标无关的符号和内容。

【案例 4】以三维标志申请商标注册的,商标图样不能确定具体三维形状

（见图 1-8）。

对图 1-8 所示的商标进行申请时，在申请书中声明以三维标志进行申请，但该图样不能确定具体的三维形状，属于“声明以三维标志申请商标注册，但商标图样不符合要求的”情形。因此，以三维标志申请商标注册的，提交的商标图样应当至少包含三面视图（正视图、侧视图、仰视图、俯视图等），并在“商标说明”栏内说明商标使用方式，且提交的商标图样应当清晰完整。

图 1-8　不能确定具体三维形状的商标

以某区域品牌商标案为例谈商标布局

一、案例背景

山东省某乡镇人民政府响应国家号召，倾力打造了一个乡村振兴区域品牌，主要生产和销售调味品，由该镇及其上级政府、当地200多家企业共同营建。该镇所属县级市的一市场主体在调味品相关类别上申请注册了与该区域品牌完全相同或高度近似的一系列商标。因在先权利障碍，该镇无法在相关商品和服务类别上成功取得这一区域品牌的注册商标专用权。

二、案例分析

济南商标审查协作中心深入了解相关案情，结合实际分析研判（见图1-9），给出如下建议：

1.建议该镇相关权利主体与该在先权利人积极沟通，通过商标转让、商标注销等方式实现在先权利的转移。

2.若该在先权利人无正当理由连续三年未使用该系列商标，相关权利主体可向商标局申请撤销该系列注册商标，同时以自身名义，在相关类别上就这一区域品牌重新申请注册商标，以获得商标专用权。

图 1-9　与某市市场监督管理局开展座谈

三、案例启示

《商标法》第四条规定，自然人、法人或者其他组织在生产经营活动中，对其商品或者服务需要取得商标专用权的，应当向商标局申请商标注册。商标注册人享有注册商标专用权，受法律保护。在现实经济生活中，存在注册商标和非注册商标两种形式，注册商标的保护范围、保护力度都远远大于非注册商标，且非注册商标不享有注册商标专用权，易被他人抢先注册。

在本案中，该镇人民政府宣传打造的区域品牌，未及时进行商标注册申请，被他人先行注册，形成在先权利障碍，需通过后续救济程序获得授权，增加了商标注册成本。应提前做好商标注册申请规划，以“市场未动，商标先行”为原则，提前进行谋划布局，确保在目标市场有标可用。

以“金海”商标案为例
谈商标审查中在先权利冲突的应对

一、案例背景

山东某酒店管理有限责任公司是以酒店集团化运营管理为主导的全资非运输企业，该公司旗下10家酒店的名称中均包含“金海”两字，自1992年开始沿用至今，已拥有诸多忠诚客户和会员，在属地市场及网络平台具备一定的影响力。该公司拟注册“金海”商标用于餐饮、住宿等服务项目上。

二、案例分析

经查询，目前“金海”商标已被山东某集团有限公司注册，指定使用在餐饮、住宿等相关服务类别上，注册公告日期为2010年8月14日，经续展，专用权期限至2030年8月13日。济南商标审查协作中心专家团队通过分析研判，并结合企业情况，给出以下建议：

1.该公司可与注册商标专用权人山东某集团有限公司进行协商，争取将43类的“金海”商标及近似商标转让至该公司。

2.该公司如果质疑注册商标专用权人山东某集团有限公司存在侵权和恶意模仿的行为，可对43类“金海”及近似商标提起无效宣告。

3.该公司可在“金海”前后增加具有显著性的词汇,如“金海康胜”“康盛金海”等。为提高商标注册申请的通过率,在注册申请前可进行事先检索。

三、案例启示

依据《商标法》的规定,商标注册实行自愿原则,因此在现实经济生活中就产生了注册商标和未注册商标。对于企业来说,持续使用的商标注册后才能得到更大力度的保护。商标好比战争中的盾牌,谁掌握商标,拥有商标的专用权,谁就是这个“盾牌”的主人。注册商标,享有专用权,不但可以保护自己的商标权益不受侵害,还可以打击侵害其商标专用权的不法市场主体。

商标注册人拥有商标专用权,受法律保护,假冒、仿冒他人注册商标,将受到法律的制裁。相反,若被他人抢先注册商标,则可能失去自己苦心经营的市场,自己反而可能成为侵权被告。

以“齐鲁农超”区域品牌商标案为例谈商标审查中在先权利冲突的应对

一、案例背景

“齐鲁农超”平台由山东省农业农村厅指导，大众报业集团、鲁商集团主办，“齐鲁晚报·齐鲁壹点”负责平台建设运营和维护管理，是官方指定的唯一区域农业公共品牌自主平台，立足于山东优质农副产品展示交易，助力乡村产业振兴。“齐鲁农超”平台精选山东农业优品，聚合山东各类农产品加工企业，上联市场、下联用户，实现乡村振兴成果展示、宣传推广、产销对接、产品交易、质量管控、在线服务六大功能的模块化运作。目前，“齐鲁农超”平台建有16市品牌馆，超1000个农产品品牌、近3000家商户进驻。“齐鲁农超”平台的上线，有利于畅通山东农副产品销售渠道，更好地实现山东优质农副产品与消费市场有效对接。

“齐鲁农超”商标在先申请共3件，分别是申请人为山东某传媒有限公司和山东某农超科技有限公司的第72645492号“Qilu齐鲁农超”商标（见图1-10），第72648753号“齐鲁农超”商标（见图1-11），第77021703号“Qilu齐鲁农超”商标（见图1-12），均申请在第35类服务项目上。

图 1-10 “齐鲁农超”商标(1)　图 1-11 “齐鲁农超”商标(2)　图 1-12 “齐鲁农超”商标(3)

以上“齐鲁农超”商标均引证第 773042 号“齐鲁”商标(见图 1-13)。

第 19178224 号“齐鲁超”商标(见图 1-14),第 25493642 号“齐鲁理工 QILU INSTITUTE OF TECHNOLOGY”商标(见图 1-15)等 30 件商标被驳回,第 77021703 号“QiLu 齐鲁农超”商标目前正处于驳回复审评审分案环节。

图 1-13 “齐鲁”商标　图 1-14 “齐鲁超”商标　图 1-15 “齐鲁理工 QILU INSTITUTE OF TECHNOLOGY”商标

《商标法》第三十条规定,申请注册的商标,凡不符合本法有关规定或者同他人在同一种商品或者类似商品上已经注册的或者初步审定的商标相同或者近似的,由商标局驳回申请,不予公告。《商标法》第三十一条规定,两个或者两个以上的商标注册申请人,在同一种商品或者类似商品上,以相同或者近似的商标申请注册的,初步审定并公告申请在先的商标;同一天申请的,初步审定并公告使用在先的商标,驳回其他人的申请,不予公告。

二、指导建议

1.更改品牌名称。建议将“齐鲁农超”更改为“农耕齐鲁”“鲁献农品”“一点农超”等进行商标申请注册,商标在所申请服务项目上更加具有显著特征,注册成功率相对较高。

2.打造新品牌。建议在“齐鲁农超”基础上打造子品牌,注册具有显著性的其他文字商标,如“智鲁农”等其他相关商标名称,济南商标审查协作中心协助进行注册申请前的事先查询,以提高注册成功率。

3.寻求政府支持。“齐鲁农超”是山东重点打造的民心工程和菜篮子工程区域品牌，且申请商标“齐鲁农超”与驳回引证件“齐鲁理工”“齐鲁”“齐鲁超”“齐鲁药谷”“齐鲁成衣帮”等系列近似商标，在行业属性、整体呼叫方面存在一定区别，建议以省政府办公厅或省知识产权局名义向国家知识产权局致函，请求支持“齐鲁农超”商标注册。

三、案例分析

根据《商标审查审理指南》的规定，商标近似是指文字、图形、字母、数字、三维标志、颜色组合和声音等商标的构成要素在发音、视觉、含义或排列顺序等方面虽有一定区别，但整体差异不大。文字商标的近似应主要考虑形、音、义三个方面。图形商标应主要考虑构图、外观及着色。组合商标既要考虑整体表现形式，还要考虑显著部分。

商标近似性判定的标准如下：主要考虑商标标志本身的近似程度；需要酌情考虑商标本身的显著性、在先商标的显著性和知名度；相关公众的注意程度，商品或服务的价格、商品的购买渠道或服务的提供方式等，都会影响相关公众的注意力；商标申请人的主观意图，商标申请人有明显的恶意，在其他因素相同时，则更有可能构成相关公众混淆；商标申请人所处地域、商标的使用方式、商标申请人与引证商标权利人是否属于同行业等。

以某公司字号保护案为例谈商标专用权和企业名称权冲突的应对

一、案例背景

某公司针对公司字号与他人商标存在市场混淆情况求助于济南商标审查协作中心。该公司成立于 1995 年，2011 年在深圳证券交易所上市，总资产超 200 亿元。公司产业涉及复合肥、化工、矿业、新能源，是拥有全产业链资源优势的企业，已具有了难以复制的行业竞争力。企业核心字号“云图”及企业标识暂未申请商标，企业想通过字号保护其产业链产品。

二、指导建议

经济南商标审查协作中心专家研判(见图 1-16)，目前“云图”商标有近似商标在先，在其核心产品肥料类上很难注册成功。建议该公司通过商标异议或商标无效程序来保护在先企业名称权，并及时申请注册相应系列商标。

图 1-16 对某上市公司进行商标布局指导

三、案例分析

商标专用权和企业名称权分属不同法律范畴，依据《民法典》有关规定，商标专用权属于财产权，企业名称权属于人格权，两者属不同法律范畴。商标注册申请依据《商标法》《商标法实施条例》，企业名称登记依据《公司法》《企业名称登记管理规定》等。商标是由文字、图形、颜色等多种要素构成，用来区别不同经营者的商品或服务的标记；企业名称由行政区划、字号、行业、组织形式依次组成，用以区别不同市场主体，其中字号是企业名称的核心部分，是区别不同企业的主要标志。公众认为商标专用权和企业名称权之间的冲突实质上是经营过程中的市场混淆行为。

根据《国家知识产权局对十三届全国人大二次会议第 2098 号建议答复的函》，现行《商标法》规定了商标异议和商标无效程序来保护在先企业名称权。《商标法》第三十二条规定，申请商标注册不得损害他人现有的在先权利，也不得以不正当手段抢先注册他人已经使用并有一定影响的商标。企业名称权属于该条规定的在先权利的范畴。对于在后商标侵犯在先企业名称权的，若在后商标在初步审定公告期内，则企业名称权人可以依照《商标法》第三十三条的规定提起商标异议程序；若在后商标已注册，则可以依照《商标法》第四十四条的规定申请注册商标无效。

商标局 2016 年修订并对外公布的《商标审查及审理标准》中明确了在商标异议和商标无效程序中在先字号权的认定标准："将与他人在先登记、

使用并具有一定知名度的字号相同或者近似的文字申请注册为商标，容易导致相关公众混淆，致使在先字号权人的利益可能受到损害的，应当认定为对他人在先字号权的损害，系争商标应当不予核准注册或者予以无效宣告。”

以某公司商标集中申请案为例谈解除商标恶意申请嫌疑的应对

一、案例背景

某股份有限公司始创于1994年，是山东省本土诞生的小家电领军企业。出于业务需要，该公司提交了“SOYO”等93件商标注册申请。在实质审查阶段，收到商标局发出的《商标注册申请审查意见通知书》，指出可能涉嫌不以使用为目的的恶意商标注册申请。该公司有关负责同志主动寻求济南商标审查协作中心指导，济南商标审查协作中心专家团队提供了意见书回文指导意见，最终恶意嫌疑得以解除，该公司商标注册工作回归正轨。

二、指导过程

1.对该公司本批次所申请的商标进行逐一分析，为其解答本批次商标因何可能涉及违反《商标法》第四条。

2.对该公司成立时间、注册资本、共计申请商标数量等有关情况进行全面分析，指导企业制定意见书回文策略。

3.该公司审查意见书回文形成后，为企业进行审核把关，提出修改意见。

最终，该批次商标解除商标恶意注册申请嫌疑，进入正常审查流程，符合相关规定的商标于 2023 年陆续进行初审公告。

三、案例启示

在该案例中，该公司是家喻户晓的小家电品牌，通过注册防御性商标来捍卫主商标权利，是企业实施商标品牌战略的有效手段。当企业行为与商标注册管理工作出现冲突时，我们要加以引导，利用我们的专业知识为企业解决难题，这也是我们开展商标服务地方经济发展工作的应有之义（见图 1-17）。同时我们也应清醒地认识到，打击恶意注册是国家知识产权局商标局为规范商标秩序采取的有力举措，如遇到明显恶意囤积、注册兜售商标行为，我们应在国家知识产权局商标局的统一领导下，坚决予以打击，维护公平竞争市场秩序。

图 1-17 “商标赋能·入园惠企”走进某家电企业

以某研究会商标案为例
谈商标驳回后的应对

一、案例背景

山东省某研究会是由企业、高等院校和科研机构联合发起，省民政厅批复成立，省交通运输厅主管的社会团体组织，主营业务包括但不限于为政府部门开展涉及多种运输方式的法律、法规、条例等制度建设和改革提供支撑，开展行业发展调查研究、专题论证、决策咨询和信息服务等工作，参与科技论证和咨询服务，开展企业信用评价、诚信示范企业创建工作。该研究会就商标驳回复审问题向济南商标审查协作中心寻求业务咨询。

二、案例分析

经济南商标审查协作中心事先咨询窗口工作人员研判，该研究会在 39 类“提供运输信息；商品打包；礼品包装；物流运输；运输；商品包装；运输经纪；运输预订；提供交通信息；对运输的人员进行定位和跟踪服务”上注册了商标（见图 1-18）。

该商标由商标局根据相对性条款予以驳回。商标驳回通知书中引证的与之相似的商标图样很多，通过驳回复审或者对引证商标提起撤销申请，以获取商标权的可行性不大。

图 1-18　某研究会注册商标

三、案例启示

商标驳回的相对理由主要是与在先权利冲突，包括以下情况：

1.他人的在先驰名商标

《商标法》第十三条第二款和第三款分别规定了对他人的在先驰名商标的保护，其法律效果是“不予注册并禁止使用”。就相同或者类似商品申请注册的商标是复制、模仿或者翻译他人未在中国注册的驰名商标，容易导致混淆的，不予注册并禁止使用。就不相同或者不相类似商品申请注册的商标是复制、模仿或者翻译他人已经在中国注册的驰名商标，误导公众，致使该驰名商标注册人的利益可能受到损害的，不予注册并禁止使用。

2.他人的商标专用权

《商标法》第三十条规定了申请注册的商标，同他人在同一种商品或者类似商品上已经注册的或者初步审定的商标相同或者近似的，由商标局驳回申请，不予公告。在商标图样的文本、发音、含义、图形组成、色彩、三维形状、色彩组合上近似的两个商标容易让公众混淆，一般被认定为是近似商标而予以驳回。

3.被代理人的商标

《商标法》第十五条规定了禁止代理人或代表人恶意抢注的行为。未经授权，代理人或者代表人以自己的名义将被代理人或者被代表人的商标进行注册，被代理人或者被代表人提出异议的，不予注册并禁止使用。就同一种商品或者类似商品申请注册的商标与他人在先使用的未注册商标相同或者近似，申请人与该他人具有前款规定以外的合同、业务往来关系或者其他关系而明知该他人商标存在，该他人提出异议的，不予注册。

4.他人的地理标志权

《商标法》第十六条规定，商标中有商品的地理标志，而该商品并非来源于该标志所标示的地区，误导公众的，不予注册并禁止使用；但是，已经善意取得注册的继续有效。

5.他人的在先权益

《商标法》第三十二条规定，申请商标注册不得损害他人现有的在先权利，也不得以不正当手段抢先注册他人已经使用并有一定影响的商标。这里的在先权利主要集中体现在他人的姓名权、肖像权、著作权、外观设计权、商号权。

在申请商标注册之前，了解《商标法》关于商标注册申请的规定，提前进行检索，理性选择商标名称或商标图样，可以增加商标注册核准通过率。

以某公司商标案为例
谈商标驳回后的应对

一、案例背景

某电子信息产业股份有限公司是一家从事计算机软硬件制造、外围设备制造、计算机软硬件批发等业务的公司，曾隶属于全球第二大服务器供应商、全球第一大 AI 服务器供应商的某集团。为开拓海外市场，该公司申请注册“IEIT”“IEITSYSTEMS”商标用于海外宣传和使用，但两件商标均被驳回。

二、案例分析

济南商标审查协作中心依托现有专家团队，对驳回通知书进行了分析研判(见图 1-19)。这两件商标均以“‘IEIT’是‘电子与信息技术协会’的缩写，使用在指定商品上，容易使公众对商品的来源等特点产生误认，该标志不得作为商标使用”为由予以驳回。“IEIT”商标状态为等待评审应诉，“IEITSYSTEMS”商标状态为驳回复审。

结合企业实际情况，济南商标审查协作中心给该公司提出如下建议，在“IEIT”商标评审应诉和“IEITSYSTEMS”商标驳回复审材料中增加以下内容：详细分析“IEIT”并不会让消费者直接联想到电子与信息技术协会，该电子与信息技术协会长时间未有活动且影响力较弱,“IEIT”“IEITSYSTEMS”商标获准注册使用,不易使公众对商品的来源等特点产生误认。经过济南商标审查协作中心的指导帮助,该两件商标已获准注册。

图 1-19　指导某电子信息产业股份有限公司获得商标注册

三、案例启示

《商标法》第十条第一款第七项规定,带有欺骗性,容易使公众对商品的质量等特点或者产地产生误认的,不得作为商标使用。《商标审查审理指南》中明确规定:“本条中的‘带有欺骗性’,是指标志对其指定商品或者服务的质量等特点或者来源作了超过其固有程度或与事实不符的表示,容易使公众对商品或者服务的质量等特点或者来源产生错误的认识。”《商标法》第十条第一款第七项对消除商标审查机关与司法机关在“误认”问题上的纷争,保持商标注册管理秩序的正常运行发挥了重要作用。

商标是具有法律效力的语言符号,商标的命名方法多种多样,当命名与法律发生冲突,就会出现禁止注册和禁止使用的情形,法律对语言的约束力也体现于此。同一语言形式可以表达不同的意义,同一意义也可以用不同的语言形式来表达。申请人在命名策略上应采取不超越有关法律法规约束的方式。判断商标是否具有欺骗性和相关公众是否足以被误导,需要结合时代背景对社会公众的认知程度与认知方式作出“开放性”的判断,既要避免过于严苛使具有美好寓意的暗示性商标一概被拒绝注册,又要防止欺骗性标志误导相关公众。

以某协会商标案为例
谈集体商标驳回后的应对

一、案例背景

山东省某协会成立于2019年，目前有会员企业300多家。协会自成立以来，积极制定行业标准，推动产业发展。为进一步提升行业凝聚力和品牌影响力，该协会拟注册“爱尚齐鲁”集体商标，用于家居协会所有会员企业，以体现山东地域特色与智能家居行业的融合，但该集体商标被驳回。

该协会来济南商标审查协作中心咨询“爱尚齐鲁”集体商标驳回复审相关问题。济南商标审查协作中心高度重视该问题，安排专业人员，结合商标局的驳回理由，对该协会的申请材料进行了全面梳理和分析，对该协会提出的疑问进行了耐心细致的解答和指导。

二、案例分析

该协会在第35类服务项目上申请注册集体商标“爱尚齐鲁”，商标局根据相对性条款，驳回了其商标注册申请。驳回的主要理由是：根据《商标法》第三十条、《商标法实施条例》第二十一条和《集体商标、证明商标注册和管理办法》，申请人提交的使用管理规则不符合要求。具体表现在：规则中第一条所述服务与申请书指定服务不一致;第五条未明确使用该集体商标的服务应达到的质量标准;第七条“其他权利”和第八条“其他义务”表述不明确,且“商品(或服务项目)”未明确具体是指商品还是服务。此外,集体成员名单也未标注成员的具体地址。

针对上述驳回内容,济南商标审查协作中心工作人员提出了一系列具体建议。首先,协会应针对驳回理由,重新审视和修正使用管理规则,确保规则中的各项条款与服务内容保持一致,并明确各项服务的质量标准。其次,对于规则中的第七条“其他权利”和第八条“其他义务”,应进行具体而明确的阐述,避免产生歧义。同时,对于“商品(或服务项目)”应作出清晰界定,明确是商品还是服务。最后,协会应在集体成员名单中补充成员的具体地址信息。

上述建议为该协会成功注册集体商标“爱尚齐鲁”奠定了坚实基础。

三、案例启示

本案例聚焦山东省某协会在申请注册“爱尚齐鲁”集体商标时遭遇的驳回问题,特别是涉及集体商标使用管理规则的不合规情况。通过本案例应认识到加强集体商标使用管理规则合规性建设的必要性,只有遵循相关法规,确保商标申请和使用的合法性,才能充分发挥集体商标在推动地方特色经济发展、提升集群产业发展效益等方面的重大作用。

以某公司商标案为例
谈商标被提无效宣告的应对

一、案例背景

山东某食品科技有限公司经济南市中小企业公共服务中心推荐，2024年被列入济南商标审查协作中心服务企业名录。目前该公司共申请商标11件，获准注册8件。其中第29类“遇见仙炖”商标被北京某公司提出无效宣告，特请求中心在商标业务上予以指导。

二、案例分析

在2023年国家开放日活动会场上，该公司代表进行了现场咨询（见图1-20），济南商标审查协作中心业务骨干对涉及的商标情形分别进行了解释，并对该公司进行了现场调研（见图1-21），针对具体情况提出意见建议。据此该公司及时在后续流程中提供了相关证据素材，包括成为山东电视台《食话食说》栏目上榜品牌、所获荣誉和资质证书等材料，后经商标评审裁定，争议商标“遇见仙炖”予以维持。

三、案例启示

本次服务案例，提醒广大市场主体在商标管理中需注意以下几点：一是增强法律意识，积极应诉，及时参加庭审活动，维护自身合法权益；二是注意梳理使用证据，保存好商业合同和发票，日期金额相对应，注意证据的合法性、真实性和关联性，确保证据的有效性；三是及时更正注册信息，如涉及企业名称、地址变更等情况及时申请在商标注册证中予以变更，避免出现商标文件和法律文书无法送达，导致错过重要的诉讼甚至出现重大损失的情形，切实维护好企业商标权利。

图 1-20　山东某食品科技有限公司代表现场提问咨询

图 1-21　现场调研山东某食品科技有限公司

公司注销后商标权移转的应对

一、案例背景

济南商标审查协作中心申请受理大厅收到某公司有关商标移转申请的电话咨询，咨询公司已经办理了简易注销手续，但是公司名下商标未进行处理，咨询若将商标权转让给另一家公司，需要提交的申请材料及办理流程。

二、指导建议

接到该申请人相关咨询后，工作人员告知其应当办理商标移转业务，需要准备如下材料：

(1)简易注销证明。

(2)全体投资人承诺书及身份证明文件。

(3)全体投资人签字的同意转让书面文件。

(4)受让方的营业执照及公司公章。

另外，详细告知申请人办理商标移转的途径：

(1)线下办理：可通过商标局商标注册大厅、各商标审查协作中心大厅、各地方知识产权业务受理窗口、商标业务受理窗口提交申请。

(2)网上办理：可以通过中国商标网“商标网上申请”自行提交网上申请。

三、案例分析

公司注销了，应当及时办理商标移转申请。下面就具体介绍一下办理方式、需要提供的材料以及办理过程中需要注意的问题。

（一）商标移转办理方式

1.通过商标网上申请系统自行办理

登录中国商标网（https://sbj.cnipa.gov.cn/sbj/index.html）（见图1-22），通过商标网上服务系统在线提交申请。申请人应先注册网上申请用户账号，注册成功后登录“商标网上申请”系统，选择“转让移转申请注册商标申请”（见图1-23），按照提示填写信息、上传材料。

图 1-22　中国商标网

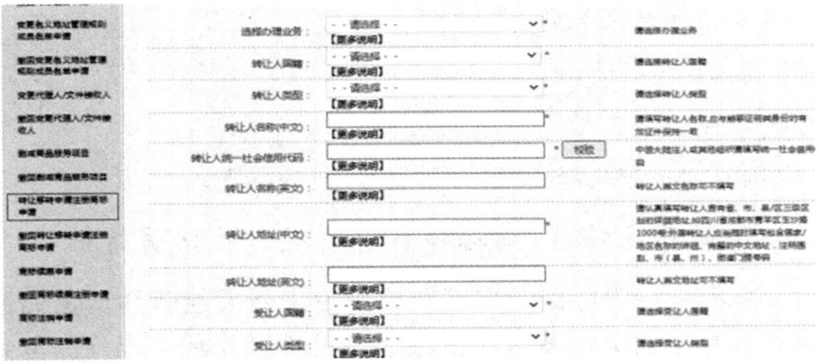

图 1-23 “商标网上申请”页面

2.申请人可到以下地点办理

(1)到开展相关受理业务的商标业务受理窗口办理。

具体地址和联系方式请查阅中国商标网“常见问题解答”栏目的“地方商标业务受理窗口信息表”。

(2)到国家知识产权局设立的商标审查协作中心办理。

①广州商标审查协作中心

地址:广东省广州市黄埔区知识产权城龙湖街道广实一路与知识三路交叉口广东省知识产权服务业集聚中心 A 栋。

咨询电话:020-83772305。

②重庆商标审查协作中心

地址:重庆市江北区五简路 9 号。

咨询电话:023-65854165。

③上海商标审查协作中心

地址:上海市徐汇区漕宝路 650 号一号楼。

咨询电话:021-23521959。

④济南商标审查协作中心

地址:济南市历阳大街 6 号。

咨询电话:0531-89700542。

⑤郑州商标审查协作中心

地址:郑州市郑东新区永和龙子湖广场 B 座 32 层。

咨询电话:0371-88905186。

(3)到国家知识产权局商标注册大厅办理。

地址:北京市西城区茶马南街1号。

咨询电话:010-63218500。

3.委托办理

委托在国家知识产权局备案的商标代理机构办理。

(二)公司简易注销后,商标移转需要提供的证明材料

公司办理简易注销的,因领取营业执照后未开展经营活动也无债权债务关系,所以简易注销不要求企业提供清算报告等文件。有权处分商标的是投资人,需继受商标的当事人依法提交有关证明文件或者法律文书,证明有权利继受相应的商标权。具体包括:

1.简易注销证明。

2.全体投资人承诺书及身份证明文件。

3.全体投资人签字的同意转让书面文件。

4.受让方的营业执照及公司公章。

(三)办理商标移转业务需注意的事项

1.由继受商标的当事人一方办理移转申请

《商标法实施条例》第三十二条第一款规定,注册商标专用权因转让以外的继承等其他事由发生移转的,接受该注册商标专用权的当事人应当凭有关证明文件或者法律文书到商标局办理注册商标专用权移转手续。

2.相同、近似商标应当一并移转

《商标法实施条例》第三十二条第二款规定,注册商标专用权移转的,注册商标专用权人在同一种或者类似商品上注册的相同或者近似的商标,应当一并移转;未一并移转的,由商标局通知其限期改正;期满未改正的,视为放弃该移转注册商标的申请,商标局应当书面通知申请人。

3.不能用已注销的营业执照和公章办理业务

《民法典》第五十九条规定,法人的民事权利能力和民事行为能力,从法人成立时产生,到法人终止时消灭。因此,公司办理注销后,将不再具有法人资格,即便提交了营业执照和公章,也不产生法律效力。

地理标志商标侵权案例简析

一、案例背景

济南商标审查协作中心工作人员接到莱芜某申请人的咨询电话，其称在网购平台“淘菜菜”购买了品名为“正宗莱芜黑猪肉散养无公害跑山猪精选筒骨 3kg”的产品，收到货物后却发现商品名为“来芜黑猪”，其外包装标注的产地并非山东莱芜，该申请人就此行为是否属于地理标志证明商标侵权行为向济南商标审查协作中心寻求专业意见。

二、咨询回复

接到电话后，济南商标审查协作中心工作人员及时告知了该申请人地理标志证明商标的权利范围及侵权判断标准。该市场主体在网站标题中使用“正宗莱芜黑猪肉”字样的行为，属于未取得地理标志商标权许可，在商品名称中使用地理标志，且销售的商品并不产自“莱芜黑猪”地理标志核定的地域范围，容易导致消费者的混淆误认，构成商标侵权。

三、案例分析

“莱芜黑猪”商标，已于 2009 年 6 月 21 日被莱芜市畜牧兽医协会注册为地理标志证明商标，注册号为 6720728。莱芜黑猪因其具有性成熟早、繁殖能力强、肉质好、遗传稳定的特点，一直在本省畅销。

《商标法实施条例》第四条第二款规定：

> 以地理标志作为证明商标注册的，其商品符合使用该地理标志条件的自然人、法人或者其他组织可以要求使用该证明商标，控制该证明商标的组织应当允许。以地理标志作为集体商标注册的，其商品符合使用该地理标志条件的自然人、法人或者其他组织，可以要求参加以该地理标志作为集体商标注册的团体、协会或者其他组织，该团体、协会或者其他组织应当依据其章程接纳为会员；不要求参加以该地理标志作为集体商标注册的团体、协会或者其他组织的，也可以正当使用该地理标志，该团体、协会或者其他组织无权禁止。

上述规定表明，对于商品符合使用该地理标志条件的自然人、法人或者其他组织，地理标志商标权人负有强制许可的义务。同理，该自然人、法人或者其他组织如果要使用地理标志商标，必须事先向地理标志商标权人提出申请，不能擅自使用，但如果该自然人、法人或者其他组织只是使用地理标志文字本身，并不需要事先向地理标志商标权人申请。

“淘菜菜”平台商户在销售时应该正当使用“莱芜”字样以说明黑猪的产地，但其产品并无充分证据证明黑猪肉的产地来自地理标志核定的地域范围，并且其使用了“来芜”字样的商品名称，根据《商标法》第十条，“带有欺骗性，容易使公众对商品的质量等特点或者产地产生误认的”均属于混淆误认的范畴，不得作为商标使用。

某医药公司商标“体检”分析

一、案例背景

山东某医药集团有限公司作为国家技术创新示范企业，是集科、工、贸于一体的综合性医药企业集团，拥有“颐莲”“润洁”“润舒”“明仁”等众多知名商标品牌，多次荣获“国家科学技术进步奖”“山东省科学技术奖”等奖项，是山东省知识产权服务业协会商标品牌指导站推荐的重点服务企业，其所处的医药行业被省政府确立为助力我省高质量发展的 11 条标志性产业链之一。

二、案例分析

该公司现已纳入济南商标审查协作中心服务企业名录，中心选派专家团队对该企业的商标发展情况进行了深入分析，对商标注册成功率、注册时间、海外布局、使用证据等方面进行了全面梳理，肯定了该企业实施的诸多有效举措，同时也对其在商标运用保护等方面存在的问题提出了针对性建议。

1.尽快变更申请人中文名称

该公司的最大股东是鲁商某医药股份有限公司，该公司曾用名为鲁商某发展股份有限公司，目前鲁商某医药股份有限公司名下的商标在商标局官方系统中显示的申请人名称仍为曾用名，建议尽快变更申请人中文名称，如未及时变更，后续遇到相关的商标诉争将处于被动局面。此项变更申请可以委托相关代理机构，也可以就近到商标业务受理窗口进行办理。

2.在商标申请时尽量避免缺乏显著性的表述

根据《商标法》第十一条第一款第二项规定，仅直接表示商品的质量、主要原料、功能、用途、重量、数量及其他特点的，不得作为商标注册。一般情况下，药企会申请注册一些带有功能性、原料性表述词汇的商标，诸如“心安康”“肺力长”“清血颗粒”等带有人体器官表述的商标，或者“咳消”“消炎宁”等带有功能性表述的商标，带有这类表述的商标在商标审查过程中很难被通过，特别是在0501类和1006类的审查上会尤为严格。同时，在商标申请过程中应尽量避开“第一”“领先”“富硒”“高钙”等品质性表述。为避免上述情况，可在新的商标申请之前到商标受理窗口做预先咨询，有效提高商标审查通过率。

3.做好商标动态监测，及时跟进续展

目前该公司名下拥有712件商标，部分商标将在2025年到期，专家团队建议在期满之前对继续使用的商标尽快按照规定办理续展手续。

三、案例启示

经历多次主体资格变更的公司，如果不能及时更新商标申请人信息，后续遭遇商标诉争时往往处于被动局面，例如无法收到法律文书，影响商标的转让及质押，严重的甚至丧失已有商标权。同时，体量庞大的公司因其注册商标众多，经常会忽略或者遗漏部分非热门商标的续展，如若续展不及时，将面临商标被抢注或者注销的风险。这也提醒广大市场主体需要加强对知识产权特别是商标权的日常管理，保护企业自身合法权益。

某生物科技公司商标“体检”分析

一、案例背景

山东某生物科技有限公司成立于2018年，申请注册商标1113件，获准注册商标550余件，注册成功率约为49.7%，低于目前全国平均水平。该企业早期商标主要来源于受让获得和自行申请，例如早期的“欧力姆”“EASYSHAPE”商标等均为受让获得，5类的“斯伯特”等多件商标均为济南某生物科技有限公司申请后转让至目前公司名下，进行统一管理，并在企业发展过程中逐步对“欧力姆”“诺特兰德”等商标进行全类保护。

二、案例分析

济南商标审查协作中心联合山东齐鲁知识产权交易中心商标品牌指导站，共同走进该公司开展“商标赋能·入园惠企”活动。中心专家团队对照其商标注册清单，进行了深入分析研判(见图1-24)。一方面，该公司商标意识强，注重知识产权的保护和运用，体现了“市场未动，商标先行”的管理理念；另一方面，也存在因短期内大量申请、相关类别直接表述等，导致商标申请被驳回的情况。

图 1-24　现场调研山东某生物科技有限公司

《商标法》第四条第一款规定："自然人、法人或者其他组织在生产经营活动中，对其商品或者服务需要取得商标专用权的，应当向商标局申请商标注册。不以使用为目的的恶意商标注册申请，应当予以驳回。"企业应根据实际经营需求，合理布局商标申请，避免短时间内大量申请被认定为不以使用为目的的恶意商标注册申请的情形。例如，2022 年，该公司在 5 类、30 类和 32 类上集中申请了"洛特兰德""娜特兰德""健特兰德"等商标，商标局发出审查意见书，要求提供相关证明材料。公司虽在法定期限内提交了相关说明，但是没有提供强有力的证据证明该批次商标已经实际使用或者具备真实使用的意图，被商标局以"不以使用为目的的恶意商标注册申请"为由予以驳回。后提交驳回复审，也都难以通过。

根据《商标法》第十条第一款第七项规定，带有欺骗性，容易使公众对商品的质量等特点或者产地产生误认的，不得作为商标使用。该公司作为运动营养领域的企业，在相关类别的商标设计上应避开直接或误导性表述：一是不使用对商品或者服务的质量、品质的特点进行描述的词汇，例如"最好""第一"等；二是不使用带有功能性、原料性表述的词汇，例如使用"咳消""消炎宁"等功能性表述，这些均涉及《商标法》第十条第一款第七项的审查内容。该公司曾经申请的含有"protein""轻体嚼嚼奶昔""体考冲刺包""充能糖""0 咔魔盖""深眠宝"等词汇的商标，商标局均以仅表示了商品的功能用途特点，或易使消费者对商品的原料、功能特点产生误认为由予以驳回。

三、案例启示

通过本案例，可以看出该公司在商标保护中虽能未雨绸缪，提前布局，付出了大量人力、物力、财力，但也存在保护成效不突出的问题。商标管理是一项专业性很强的工作，帮助企业加强商标的注册与管理，对国家知识产权局在地方设立的商标审查协作中心而言是挑战，更是服务企业的机遇。

商标需求数量大、质量高的企业，应合理配备专职商标管理人员，加强专业性学习，积极参加各类培训活动，提升自身的商标管理和保护运用能力，从而达到降低成本支出及提高商标申请质量的目的。

某珠宝首饰公司商标"体检"分析

一、案例背景

山东某珠宝首饰有限公司主要从事黄金珠宝首饰设计研发、生产加工、批发零售及品牌运营业务，产品以高纯度黄金首饰为主，其黄金加工能力突出，年黄金加工量位居全国前列，先后获得"中国品牌500强""亚洲品牌500强""中国黄金首饰加工量十大企业"等百余项荣誉称号。2023年，该公司及其关联企业被山东省珠宝玉石首饰行业协会商标品牌指导站推荐为重点服务企业，济南商标审查协作中心为其中两家企业开展了商标"体检"。

二、案例分析

该公司申请注册商标693件，获准注册商标540余件，目前仍有3件在审查过程中，注册成功率高达77.9%；其关联企业山东某某珠宝首饰有限公司共申请商标113件，获准注册106件，注册成功率高达93%；两家公司的注册成功率明显高于目前全国平均水平。济南商标审查协作中心专家团队认真研究，结合企业情况作出以下分析(见图1-25)。

1.肯定成绩

对两家企业在商标工作中所作出的成绩予以肯定，具体表现在以下几个方面：一是商标起步和布局早，最早的主商标均在2003年便提交申请，充分体现了企业初创时期的高瞻远瞩，对知识产权保护工作高度重视。二是重视商标布局，其旗下主商标以及它们的组合、关联公司旗下商标基本做到了全类别保护，为下一步多赛道发力扫清了商标权争议障碍。三是管理运行规范，通过许可备案的形式许可各地电子商务等相关联公司，将商标的作用发挥到最大化，同时广泛布局海外商标，强化商标的地域性保护。

2.提出建议

济南商标审查协作中心针对该企业商标管理工作提出以下建议：一是避免直接性表述，规避缺乏显著性条款；二是切忌高于一般品质的表述，脱离了商标区别性本质；三是若注册商标数量较多可建立台账管理，及时进行续展；四是紧盯马德里国际商标注册时间节点，谨防出现材料不规范等情况。

图 1-25　为某珠宝首饰公司开展商标“体检”

三、案例启示

在本案例中，该公司及其关联企业均为珠宝首饰行业的领军品牌，其在商标保护工作中能够做到未雨绸缪，广泛布局。但由于商标管理专业性强、法律环节多等，企业在商标管理工作中会出现顾此失彼的现象。作为国家知识产权局在地方设立的商标公共服务机构，通过商标品牌指导站等载体加强对企业商标管理人员的指导与培训，在行业协会、产业园区、经营企业中扩大知识产权人才覆盖面，也是服务高质量发展的题中应有之义。

某装饰公司商标“体检”分析

一、案例背景

某公司是经住建部核定拥有多项专业资质的大型装饰企业，全资控股北京、天津、上海、陕西等地多家子公司，并在全国范围内设立了十几家分公司和办事处，业务网络覆盖全国，是行业内知名装饰企业之一。作为商标品牌指导站推荐的企业，该公司被济南商标审查协作中心纳入 2024 年度重点服务企业名录。

二、案例分析

济南商标审查协作中心领导组织专家团队，赴该公司进行商标注册、运用、保护等方面的调研座谈，帮助企业解决商标品牌的相关疑难问题。

经调研，发现该公司在商标注册、运用及保护方面主要存在三方面问题：一是总公司仅注册一个商标，商标保护意识不强；二是分公司虽持有两个商标，但只有一个商标在使用，第三人可以申请以无正当理由连续三年未使用该商标为由提起撤销申请，商标有效运用不足；三是商标分散于同一法人名下的不同分公司，商标未统一管理。

针对这一现状，济南商标审查协作中心依托现有专家团队，提出针对性的解决方案。

第一，针对总公司的商标注册情况，建议加强商标保护意识以及商标申请、审查、使用等方面的知识宣传。经过济南商标审查协作中心的宣传，总公司决定采取行动保护自己的商标，主动提交了5个新商标申请，经审查，全部拿到商标注册证，扩大了商标保护范围。

第二，针对分公司商标的使用情况，建议在产品包装上印刷多个商标，并保留销售合同、发票等使用证据，如果在网上销售，可以保存订单销售数据，实现多个商标的同时使用，防止第三人以无正当理由连续三年未使用该商标为由提起撤销申请，有效运用并保护商标。

第三，针对商标分散于同一法人名下不同分公司，商标未统一管理的情况，建议分公司把商标转让至总公司统一管理，提高商标管理保护效率，保护商标品牌价值，提升市场竞争力。

三、案例启示

提高商标保护意识，积极运用注册商标，可以有效保护自己的商标权益，提升品牌价值，防止侵权和损失。市场主体在生产经营中，需树立“市场未动，商标先行”的理念，及早注册商标，并在指定商品或服务类别上有效使用该商标，防止他人抄袭和侵权。及时了解商标法律法规，包括商标注册、使用、侵权等相关规定，以便有效利用法律保护商标权益。加强商标管理，提高商标管理、保护的效率，保护商标品牌价值，提升市场竞争力。

行政司法服务篇

近年来商标侵权案件频发，对市场公平竞争和企业品牌价值产生了严重不良影响。分析和总结商标案例在行政司法方面的实践经验，不仅能为企业、市场参与者和执法部门提供有益的警示和启示，更能促进商标保护工作的深入开展。

本篇精选了 11 个具有代表性和典型意义的商标案例，这些案例涵盖不同类型的侵权行为、不同的处理方式和处置结果，全面展示了商标保护的现状和挑战以及商标案例在行政司法方面的实践探索，深入剖析案件涉及的法律问题，包括商标权的认定、侵权行为的界定、赔偿责任的确定等，以及法院在解决争议过程中的法律适用和裁判思路。

同时，这些典型案例也充分展示了商标侵权行为的危害性和法律后果，引导企业加强商标管理和保护意识，推动全社会形成尊重知识产权、遵守法律的良好风尚。

从注册商标专用权侵权案谈商标侵权判定

一、案例背景

某区市场监督管理局接到山东某自然资源综合开发有限公司(以下简称"某自然资源公司")投诉,反映山东省某资产运营有限公司(以下简称"山东某资产运营公司")发行的公司债券侵犯其注册商标专用权,某区市场监督管理局就山东某资产运营公司是否侵犯注册商标专用权一案向济南商标审查协作中心提出咨询。

二、案例分析

经分析,第50259857号"财欣"商标由某自然资源公司获准注册,指定使用在36类"保险咨询;资本投资;金融评估(保险、银行、不动产);金融管理;金融信息;基金投资;不动产代理;商品房销售;担保;信托"等服务项目上,包括3601、3602、3604、3606、3608类似群组,注册公告日期为2021年6月14日,专用权期限至2031年6月13日。判断山东某资产运营公司商标侵权行为是否成立,可以从以下三点进行考虑:

1.是否属于商标性使用

我国《商标法》第四十八条规定,商标的使用,是指将商标用于商品、商品包装或者容器以及商品交易文书上,或者将商标用于广告宣传、展览以及其他商业活动中,用于识别商品来源的行为。由此可见,商标使用的目的是区分商品或服务的来源，需结合相关公众的认知来判定。山东某资产运营公司将发行的公司债券命名为“24 财欣 01”“24 财欣 02”并进行宣传，如果相关标志易使公众认为是该公司的商标，而非商品形状、广告词或通用名称等其他属性，则属于区别商品来源的商标性使用；如果相关公众不会将其当成商标，则不属于商标的使用，不构成对“财欣”商标注册专用权的侵害。

2.商品、服务是否相同或近似

我国《商标法》第五十七条第二项规定，未经商标注册人的许可，在同一种商品上使用与其注册商标近似的商标，或者在类似商品上使用与其注册商标相同或者近似的商标，容易导致混淆的，属于侵犯注册商标专用权的行为。在该案例中，山东某资产运营公司发行的公司债券名称与第 50259857 号商标同为“财欣”，虽有不同，但差别不明显，相关公众难以分辨，且发行公司债券的行为可归属于 3602“金融事务”类似群组，根据《类似商品和服务区分表》，3602 类似群组的所有服务项目均可互判近似。某自然资源公司同样申请了 3602 类似群组的服务项目，因此两个公司的服务项目虽然有所差别，但属于同一类似群组的服务项目在商标审查中构成类似服务，符合在类似商品或服务项目上使用与其注册商标相同或者近似商标的情形。

3.企业字号是否突出使用

《商标侵权判断标准》第二十三条规定，在同一种或者类似商品或服务上，将企业名称中的字号突出使用，与他人注册商标近似、容易导致混淆的，属于《商标法》第五十七条第二项规定的商标侵权行为。注册商标和企业名称均是依照相应的法律程序获得的权利，分属不同的标志序列，依照相关法律受到相应保护；但是如果不规范使用企业名称，在相同或者类似商品上突出使用与他人注册商标相同或相近的企业字号，容易使相关公众产生误认的，构成侵犯注册商标专用权行为。在该案例中，某自然资源公司的“财欣”商标于 2020 年 10 月 9 日提出注册申请，于 2021 年 6 月 14 日获准注册，山东某资产运营公司成立于 2020 年 11 月 26 日，于 2024 年向社会公开发行命名为“财欣”的公司债券，对于山东某资产运营公司是否突出使用字号构成商标侵权，应从相关字号的使用方式、商标注册时间、商标知名度、商标近似程度等方面综合考虑。

三、案例启示

商标是企业重要的无形资产，有着识别来源、承载商誉、宣传竞争等多重价值，也使得商标被侵权成为普遍现象。因此，企业应重视对商标的注册、运用、管理和保护，以期不断提高企业竞争力，促进企业的良性发展。企业可以从以下几点着手：

1.市场未动，商标先行

企业在进入市场之前应及时将核心商标在核心类别予以注册，并随着企业的发展不断完善商标布局，通过联合商标和防御商标，形成对商标的立体保护，以应对商标被他人抢注或侵权带来的风险。

2.提前谋划，充分准备

企业在选择企业名称或字号时，应先就所选择的词语进行查询，了解该词语是否已经被他人申请获得注册商标专用权或企业名称、字号后，再决定是否选择该词语作为企业的名称或字号，以免未来陷入商标侵权纠纷。如果企业一直使用的名称或字号具有一定的市场知名度，也应当将企业字号纳入知识产权管理的一环，积极将企业名称或字号注册成商标，使企业字号同时获得商标法律法规和企业名称登记管理法规的双重保护。

3.用心经营，做好监测

商标注册之后并不等于拥有了稳定无虞的商标权利，企业也应通过用心经营不断提高商标知名度，积极打造品牌，否则商标可能会依照《商标法》的规定被撤销三年未使用注册商标或者被宣告无效，丧失其注册商标专用权。同时，企业需重视商标的日常监测工作，一方面及时跟进地址变更、商标续展等事项，另一方面要及时发现侵权行为，及时制止，尽早止损。

以美心防盗门商标侵权纠纷案为例谈侵犯注册商标专用权行为

一、案例背景

某市公安局就一起装修防盗门商标侵权纠纷案件提出咨询。报案人 A 与被控告人 B 就 A 公司场所装修事宜签订装修合同，由 B 为 A 的公司场所提供装修服务，合同明确约定使用“Mexin 美心”品牌防盗安全门 120 扇，价格约 25 万元。“Mexin 美心”防盗安全门为重庆美心（集团）有限公司旗下产品，该公司创建于 1989 年，制造产品包括安全门、室内门、防火门、卷帘门、车库门、防弹门等品种，是全国最大、总类最齐全的门类生产企业之一。“Mexin 美心”防盗安全门属于该集团高端品牌之一，在消费者中享有一定的口碑和声誉。防盗安全门安装完成后，A 发现 B 擅自将合同约定的“Mexin 美心”防盗安全门全部替换成美心集团旗下另一低端品牌，且私自更换商标铭牌，假冒成“Mexin 美心”防盗门。经查，两种门市场价相差近一半，偷梁换柱后，被控告人 B 违法获利金额高达十多万元。

二、案例分析

从《中华人民共和国刑法（2023 修正）》（以下简称《刑法》）角度分析，被控告人 B 同时涉嫌销售伪劣产品罪、假冒注册商标罪。

1.销售伪劣产品罪法律依据

《刑法》第一百四十条规定，生产者、销售者在产品中掺杂、掺假，以假充真，以次充好或者以不合格产品冒充合格产品，销售金额五万元以上不满二十万元的，处二年以下有期徒刑或者拘役，并处或者单处销售金额百分之五十以上二倍以下罚金；销售金额二十万元以上不满五十万元的，处二年以上七年以下有期徒刑，并处销售金额百分之五十以上二倍以下罚金；销售金额五十万元以上不满二百万元的，处七年以上有期徒刑，并处销售金额百分之五十以上二倍以下罚金；销售金额二百万元以上的，处十五年有期徒刑或者无期徒刑，并处销售金额百分之五十以上二倍以下罚金或者没收财产。

《最高人民法院、最高人民检察院关于办理生产、销售伪劣商品刑事案件具体应用法律若干问题的解释》（法释〔2001〕10 号）第一条第三款规定，《刑法》第一百四十条规定的"以次充好"，是指以低等级、低档次产品冒充高等级、高档次产品，或者以残次、废旧零配件组合、拼装后冒充正品或者新产品的行为。B 使用重庆美心（集团）有限公司旗下低端产品冒充高端产品，其行为显然是以低等级、低档次产品冒充高等级、高档次产品，属于《刑法》第一百四十条规定的"以次充好"，涉嫌销售伪劣产品罪。

2.假冒注册商标罪法律依据

《刑法》第二百一十三条规定，未经注册商标所有人许可，在同一种商品、服务上使用与其注册商标相同的商标，情节严重的，处三年以下有期徒刑，并处或者单处罚金；情节特别严重的，处三年以上十年以下有期徒刑，并处罚金。

B 未经"Mexin 美心"商标所有人重庆美心（集团）有限公司许可，在防盗安全门上使用与其注册商标相同的商标，涉嫌假冒注册商标罪。

3.本案定罪处罚法律依据

《最高人民法院、最高人民检察院关于办理生产、销售伪劣商品刑事案件具体应用法律若干问题的解释》（法释〔2001〕10 号）第十条规定，实施生产、销售伪劣商品犯罪，同时构成侵犯知识产权、非法经营等其他犯罪的，依照处罚较重的规定定罪处罚。

《最高人民法院、最高人民检察院关于办理侵犯知识产权刑事案件具体应用法律若干问题的解释》（法释〔2004〕19 号）第一条第二款规定，具有下列情形之一的，属于《刑法》第二百一十三条规定的"情节特别严重"，应当以假冒注册商标罪判处三年以上七年以下有期徒刑，并处罚金：（一）非法经营数额在二十五万元以上或者违法所得数额在十五万元以上的；（二）假冒两种以上注册商标，非法经营数额在十五万元以上或者违法所得数额在十万元以上的；（三）其他情节特别严重的情形。

综上，B擅自以低档次产品冒充高档次产品，且未经重庆美心（集团）有限公司许可，在同一种商品上使用“Mexin 美心”商标，同时涉嫌销售伪劣产品罪、假冒注册商标罪。结合上述关于销售伪劣产品罪、假冒注册商标罪的不同情形处罚规定，由司法机关依照处罚较重的规定定罪处罚。

三、案例启示

2023年，全国法院新收知识产权民事一审案件46.22万件，全国检察机关受理侵犯知识产权审查逮捕案件7049件，全国公安机关共立侵犯知识产权和制售伪劣商品犯罪案件4万件。不法商家出于对利润的强烈追求，不惜铤而走险，侵犯注册商标专用权和制售假冒伪劣商品的违法现象依然不断出现。在本案例中，B侵犯注册商标专用权的行为，甚至面临刑事惩罚责任风险，后果严重性可见一斑。

针对当前知识产权保护现状，一是要加大宣传力度，提高公众的知识产权保护意识。通过宣传普及知识产权法律知识、曝光违法反面典型案例、加强知识产权政策解读等方式，引导社会公众了解知识产权保护的重要性，以及侵犯知识产权的严重后果，营造全社会尊重知识产权、遵守知识产权法律法规的良好氛围。二是加大行政主管部门服务力度，提升商标注册公共服务能力。持续推进商标注册便利化改革，加强信息化建设，改进业务流程管理，方便各类市场主体提交商标注册材料、查询商标注册信息，支持市场主体更便捷地保护自身商标品牌权益。三是加大知识产权保护力度，提振商标所有人发展信心。进一步加大对商标品牌合法在先权利和驰名商标的保护力度，做好涉外知识产权纠纷指导，严厉打击傍名牌、搭便车、蹭热点行为，不断提升商标品牌所有人的安全感、获得感。

以“某某园”商标案为例谈冒充注册商标行为

一、案例背景

山东省某市市场监督管理局在办理山东某食品有限公司涉嫌将未注册商标冒充注册商标使用一案中，因无法区分“某某园”注册商标核定使用商品种类中的“甜食、以谷物为主的零食小吃”是否包含“月饼”，以及“月饼”在注册商标核定使用商品种类中是否需要标明等问题，特向济南商标审查协作中心寻求支持。

二、案例分析

济南商标审查协作中心了解到相关诉求后，组织业务骨干认真分析研判，结合具体情况给出指导建议。经查询，山东某食品有限公司于2016年提交了“某某园”商标注册申请，核定使用在“挂面”“茶”“糖”“蜂蜜”“甜食”“以谷物为主的零食小吃”等商品类别上。按照《类似商品和服务区分表》，提交申请时，“月饼”已是规范商品，与“甜食、以谷物为主的零食小吃”同属第30类3006类似群，因此，不能想当然地以为“甜食、以谷物为主的零食小吃”包含“月饼”。鉴于该申请人当初申请的商标中未包含“月饼”，因此“某某园”现在不能将注册商标在“月饼”商品上使用，否则会涉嫌冒充注册商标。

三、案例启示

冒充注册商标的行为主要包括两类：一类是商标使用人使用未注册商

标时标注“注册商标”字样或者注册标记，或者在产品的广告、说明书等宣传资料中作为注册商标予以宣传，使人误认为该商标是注册商标；另一类是商标注册人对其注册商标进行实质性改变且标注注册标记，或者在其未予核准的商品或服务上使用注册商标标记。该案中，山东某食品有限公司在其未予核准的商品“月饼”上使用注册商标标记，符合冒充注册商标的行为要件。

为避免“稀里糊涂”地违法犯罪，商标注册人应严格按照《商标注册证》上核准注册的商标和核定使用的商品或服务使用注册商标；不得自行改变注册商标的文字、图形或者其组合，不得自行改变注册商标的注册人名义、地址或者其他注册事项。商标注册人超过《商标注册证》核定使用的商品或服务范围使用其注册商标，并标明注册标志的，属于冒充注册商标的违法行为。

以“某正液晶显示器”案为例
谈添加商品通用名称假冒注册商标行为

一、案例背景

针对广东省某科技公司在外包装上使用“某正液晶显示器”这一行为是否侵犯某知名品牌公司申请注册的“某正”商标权，是否涉嫌构成假冒注册商标罪，济南市某公安局向济南商标审查协作中心寻求专业支持。

二、案例分析

经查询，“某正”商标核定使用在第9类商品上，具体包括：计算机服务器；计算机网络服务器；计算机网络交换机；计算机网络路由器；处理信息、数据、声音和图像用中央处理器；电子交互式白板；监视器（计算机硬件）；交互式触屏终端；笔记本电脑；数字标牌；鼠标（计算机外围设备）；计算机键盘；扬声器音箱；便携式计算机；微型计算机；计算机显示器；大屏幕液晶显示器；耳机；可编程逻辑控制器；通信传送设备；电脑一体机。

广东省某科技有限公司在外包装上使用“某正液晶显示器”，属于在注册商标上仅增加商品通用名称、型号等缺乏显著特征要素，不影响体现注册商标显著特征的行为，通常情况下应认定与注册商标“某正”属于“相同商标”。根据《商标法》第五十七条规定，该行为属于侵犯注册商标专用权。

三、案例启示

根据《中华人民共和国刑法》第二百一十三条规定，假冒注册商标罪是指未经注册商标所有人许可，在同一种商品、服务上使用与其注册商标相同的商标，情节严重的，处三年以下有期徒刑，并处或单处罚金；情节特别严重的，处三年以上十年以下有期徒刑，并处罚金。对于“相同商标”的认定，则应以是否足以使一般消费者误认为是注册商标为标准。

商标的构成要素是文字、图形、字母、数字、三维标志、颜色组合和声音等，以及上述要素的组合。可以肯定的是，与注册商标的构成要素相同的商标，就是相同的商标。根据《最高人民法院、最高人民检察院关于办理侵犯知识产权刑事案件具体应用法律若干问题的解释（三）》第一条规定，具有下列情形之一的，可以认定为“与其注册商标相同的商标”：其一，改变注册商标的字体、字母大小写或者文字横竖排列，与注册商标之间基本无差别的；其二，改变注册商标的文字、字母、数字等之间的间距，与注册商标之间基本无差别的；其三，改变注册商标颜色，不影响体现注册商标显著特征的；其四，在注册商标上仅增加商品通用名称、型号等缺乏显著特征要素，不影响体现注册商标显著特征的；其五，与立体注册商标的三维标志及平面要素基本无差别的；其六，其他与注册商标基本无差别、足以对公众产生误导的商标。

以某医疗器械案为例谈假冒注册商标行为

一、案例背景

山东某市公安局接上海甲医疗器械公司举报，该公司称其为某进口医疗器械的国内总代理，在国内各大中小医院销售该进口医疗器械。近期发现乙公司（具备医疗器械注册证）在未经国外生产商和国内医疗器械经销商许可授权的情况下，自行从国外购买该医疗器械，在包装上使用与甲医疗器械经销商相同的产品中文标签、说明书，在办理海关手续后，以低于市场价格向国内医院进行销售。甲医疗器械经销商认为乙公司侵犯他人注册商标专用权，构成假冒注册商标行为。山东某市公安局就此向济南商标审查协作中心寻求专业支持。

二、案例分析

济南商标审查协作中心了解到相关诉求后，依托现有专家团队进行分析研判，提出以下几点意见：

1.涉嫌企业通过假冒方式自行提供中文说明书、标签，伪造或冒用他人的《医疗器械生产企业许可证》，对消费者造成误导。根据《医疗器械监督管理条例》《医疗器械说明书和标签管理规定》，正常经过授权进口的医疗器械需经由境外医疗器械上市许可持有人或厂商附上经中国国家药品监督管理局批准的中文说明书、中文标签。涉嫌企业未经授权，使用了与授权经销商完全相同的中文标签、说明书，标注相同的医疗器械注册证号，易导致消费者将其误认为授权经销商。

2.涉嫌企业通过假冒方式自行提供中文说明书、标签，涉嫌假冒产品。涉嫌企业提供的中文说明书、标签虽与产品备案或注册内容一致，但构成在生产者实施的完整生产流程之外对产品施加生产的行为，造成对产品制造的更改，相关产品应被认定为假冒产品。

3.涉嫌企业侵犯他人商誉，损害他人品牌形象，为消费者带来质量和维权风险。涉嫌企业未经授权渠道进口医疗器械，并且低价销售，若进口的医疗器械因不同区域的销售政策差异导致产品质量不同，使得所进口的产品无法符合我国相较于出口国的特殊质量认证标准，且在非授权的、质量不受控的渠道进口和流通，导致医疗器械出厂后不在注册人/备案人和生产商的质量保证之下，可能造成安全问题或违法情形，为消费者带来质量和维权风险。

4.涉嫌企业构成不正当竞争。根据《中华人民共和国反不正当竞争法(2019 年修正)》(以下简称《反不正当竞争法》)第六条规定，经营者不得擅自使用与他人有一定影响的商品名称、包装、装潢等相同或者近似的标识，不得擅自使用他人有一定影响的企业名称(包括简称、字号等)、社会组织名称(包括简称等)、姓名(包括笔名、艺名、译名等)，引人误认为是他人商品或者与他人存在特定联系。

涉嫌企业未经甲医疗器械经销商许可，使用其中文说明书、标签，标注甲医疗器械经销商名称，易使消费者将其误认为授权经销商，以此达到引发混淆，以不正当手段攫取交易机会的目的。

三、案例启示

未经生产商和经销商授权，私自购买国外医疗器械，并在包装上使用与经销商相同的产品说明，以低于市场价格向国内销售，这一行为违反了《反不正当竞争法》《医疗器械管理条例》《医疗器械说明书和标签管理规定》等多项法律法规，被侵权人可以提起民事诉讼或行政裁决申请，侵权人将承担相应的法律责任。广大市场主体应做好法律法规的储备，依法合规开展经济活动。

“奇安信”商标不正当竞争案简析

一、案例背景

济南市某区市场监督管理局就一起企业名称不正当竞争纠纷举报案寻求帮助。举报人为某科技集团公司，该公司成立于2014年，专注于网络空间安全市场，自成立以来，一直将“奇安信”作为企业字号和商标进行使用。该集团对外投资60家公司，其中以“奇安信”作为字号的有27家。被举报人山东某信息科技公司经济南市某区市场监督管理局登记成立。

二、案例分析

济南商标审查协作中心组织业务骨干对于被举报人注册使用“山东某信息科技公司”企业名称是否损害了举报人“奇安信”字号和商标权益构成不正当竞争展开讨论。根据《商标法》第五十八条规定，将他人注册商标、未注册的驰名商标作为企业名称中的字号使用，误导公众，构成不正当竞争行为的，依照《中华人民共和国反不正当竞争法》处理。

“奇安信”为臆造词，被举报人企业名称中虽然含有“奇安信”三个字，但是山东某信息科技公司常用断句读法使其一般在使用时不易让相关公众产生混淆或误认。

三、案例启示

注册商标和企业字号在市场经济活动中，扮演着相似的法律角色。二者都是为了将特定生产经营者所提供的商品和服务与其他经营者相区分，使相关公众可以有效地对特定商品或服务的提供者进行识别，从而起到引导消费选择和提供质量保证的作用。在经营活动中，将他人注册商标用作企业字号，一般会构成与他人商标、产品、服务或字号的雷同，进而导致相关公众误认为二者之间存在许可、合作、联营等特定关系，从而造成对他人商誉的不正当攀附和利用。一般会将此类行为认定为不正当竞争行为，行为人将承担法律责任。

以“美宸天胶”假冒商标注册案为例谈阿胶商品分类

一、案例背景

山东某市公安局食药环侦支队就假冒商标注册案寻求济南商标审查协作中心支持(见图 2-1)。嫌疑人假冒深圳某商贸有限公司申请注册“美宸天胶”商标。该商标注册证书显示核定使用商品第 5 类,包括补药、药物、药物饮品、人参、医用眼罩、中药材、阿胶(中药材)、减肥药、原料药、医用营养食物、医用营养饮料。本案中公安机关难以界定查获的保健食品“阿胶片”是否属于第 5 类商标注册证中的阿胶(中药材)。

二、案例分析

济南商标审查协作中心了解到相关诉求后,依托现有专家团队进行了分析研判,内容如下:

1.如果“阿胶片”属于阿胶(中药材),犯罪嫌疑人涉嫌触犯《刑法》第二百一十三条假冒注册商标罪。

2.根据《类似商品和服务区分表——基于尼斯分类第十二版(2024 文本)》,“阿胶”“阿胶(中药材)”等以阿胶为主要原料的产品应注册在第 5 类,以保健食品阿胶片注册商标时无法在第30类(食品)进行注册。

3.中心出具涉嫌假冒商标的注册资料以及《关于对“阿胶”“阿胶(中药材)”在类似商品和服务区分表中所属类别的说明》,助力案件顺利侦办。

图 2-1　某市公安局食药环侦支队就假冒商标注册案寻求济南商标审查协作中心支持

三、案例启示

随着企业及社会公众对知识产权保护重要性认识的提高,商标侵权案件越来越多,国家对知识产权侵权打击力度日益增强,商标侵权现象得到了有效治理。但由于侵权假冒行为方式的隐蔽性和类型的交叉性,认定假冒商标陷入证明难困境,影响办案效率。为保护知识产权,维护公平的市场竞争环境,我们需要注意以下几点:

1.明确何为侵权行为。这包括对商标的非法使用、模仿或抄袭以及任何可能误导消费者的行为。

2.执法办案人员和律师对商标法律和法规需要有更加深入的理解。

3.加强不同部门之间的有效合作。这是因为商标侵权案件往往涉及多个领域,如海关、市场监管、公安等。

4.采取预防措施,提升公共商标保护意识,如加强市场监管、提高消费者教育水平等。

以“豪沃”商标侵权案为例谈商品类似群判定

一、案例背景

2024年，济南市某公安局就商标侵权案件寻求济南商标审查协作中心支持。济南某汽车集团在相关商品和服务项目上拥有“豪沃”二字的注册商标专用权。但一家生产蒸发风机配件的浙江某公司在其销售所用的外包装箱上印有“豪沃”字样。该公司生产的蒸发风机配件上无任何商标，且仅适用于济南某汽车集团的特定车型，其他车型并不适用。该公司并未获取济南某汽车集团及其下属公司授权，属于自行生产销售。

二、案例分析

济南商标审查协作中心了解到相关诉求后，组织工作人员认真查询，并依托现有专家团队进行分析研判。因《类似商品和服务区分表——基于尼斯分类第十二版(2024文本)》并未收录“蒸发风机”商品，无法直接判定其与济南某汽车集团原有的核定使用的“陆地车辆动力装置”“气动元件”“汽车发动机冷却用散热器”“马达引擎启动器”商品是否属于同一类似群内的商品。对于“蒸发风机”在商品类似群上的判定问题，建议寻求更为专业的界定。

三、案例启示

《商标法》第五十七条规定，有下列行为之一的，均属侵犯注册商标专用权：

……

（二）未经商标注册人的许可，在同一种商品上使用与其注册商标近似的商标，或者在类似商品上使用与其注册商标相同或近似的商标，容易导致混淆的。

……

从商标专用权人角度来说，核准注册的商标和核定使用的商品是确定注册商标专用权的两个具体标准，它们是相互依存、不可分割的整体。两个因素必须结合起来使用，不存在没有确定商品的商标专用权。只有在两者同时具备的情况下，商标注册人才享有商标专用权，并受法律保护，任何人不得侵犯。因此企业在注册商标时尽量使用商品书中的规范商品，对于商品书中未收录的非规范商品应尽可能根据其功能、用途划靠规范商品，为后续区分和判断是否构成侵权明确界限。规模企业应尤其注意商标的防御性注册和后续保护。

从行政司法机关角度来说，随着经济的发展、科技的进步，商品和服务项目也在不断变化、更新，其类似关系也非一成不变。用来判断商品、服务类似关系的《类似商品和服务区分表》虽在不断修订、更新，但仍不可能穷尽所有的商品和服务项目。因此，《类似商品和服务区分表》可以作为行政机关和司法机关在处理商标案件时判断商品或服务类似关系的参考，但并不是唯一依据，还应当结合相关公众对商品或者服务的一般认知等，综合作出判断。

以“GXYP”商标获准注册案为例谈商标驳回后的合理解决路径

一、案例背景

山东某知识产权交易中心有限公司设立于济南市高新区，是济南商标审查协作中心设立的第19家商标品牌指导站，也是山东省知识产权公共服务平台的运营单位之一。“高新优品”是济南高新区管委会打造的区域公共品牌，是高新区产品、服务品牌整体形象的代表。高新区委托济南某人才产业管理有限公司申请了“高新优品”“HTSP”等相关商标，大部分申请注册的商标被驳回或部分驳回。山东某知识产权交易中心主动寻求济南商标审查协作中心指导，经专家团队分析，找到了合理的解决路径。

二、案例分析

1.济南商标审查协作中心对该公司申请的“高新优品”“HTSP”等商标的驳回文书、部分驳回文书进行了分析，告知其引证商标均为他人已获准注册的权利稳定的近似商标。

2.对被驳回、部分驳回的商标是否进行驳回复审进行了可行性分析，该公司认可审查结论，不再进行驳回复审。

3.对“高新优品”拼音首字母进行组合，引申出“GXYP”商标，符合申请人注册需求。

4.对新商标“GXYP”进行预先审查，告知该商标有较高的审查通过率。

5.该申请人在第35类、第41类服务项目上提交了“GXYP”商标注册申请。该商标(一标两类)无在先权利稳定的商标障碍，予以初审公告，经过商标异议期，已核准注册。

三、案例启示

在本次服务中，申请人申请注册的商标，存在明确的在先权利稳定的商标障碍，如果通过驳回复审、撤销三年不使用注册商标等程序进行商标权争夺，需付出极大的时间成本和经济成本。针对此类情形，帮助申请人成功注册其他可替代的商标，也是解决问题的途径之一。让申请人在商标注册申请过程中少走弯路，是济南商标审查协作中心作为商标服务单位的工作目标之一。

注册商标在使用中“显著特征”发生改变致注册商标被撤销情况分析

一、法律依据

《商标法》第四十九条第一款规定：“商标注册人在使用注册商标的过程中，自行改变注册商标、注册人名义、地址或者其他注册事项的，由地方工商行政管理部门责令限期改正；期满不改正的，由商标局撤销其注册商标。”《商标审查审理指南》中对自行改变注册商标作出了明确解释：是指商标注册人或者被许可使用人在实际使用注册商标时，擅自改变该商标的文字、图形、字母、数字、立体形状、颜色组合等，导致原注册商标的主要部分和显著特征发生变化。改变后的标志同原注册商标相比，易被认为不具有同一性。存在上述行为，且经工商行政管理部门责令商标注册人限期改正但拒不改正的，依法予以撤销。

二、情形分析

根据《商标法》第四十九条第一款之规定，“自行改变注册商标”的，由地方工商行政管理部门责令限期改正，期满不改正的，由商标局撤销其注册商标。商标“显著特征”改变主要包括：

1.商标字体变动

针对用文字或是英文字母注册成功的商标，在递交申请之初，都会首先确定它的字体样式，例如免费字体微软雅黑、宋体、楷体、斜体等。如果企业后期肆意修改注册商标字体，也属于改动注册商标。

2.商标颜色变动

与商标字体样式变动相似，注册商标的颜色变动，也是属于私自修改注册商标的行为之一。例如，原先是黑色的商标，企业为了增加该商标的美观度，在投入活动时或是在商品使用的过程中，将之变成橙色或是其他颜色等，都是属于改变注册商标。

3.商标样式增减

除了商标颜色和字体的变动外，还有一种可能性是商标样式部分的增添和减少。例如在原本是注册纯文字或数字、字母的商标中，添加或减少一个文字或是数字、字母，抑或在原本商标基础上，增减一个图形、图案之类，也都属于改变注册商标的行为。

4.商标样式比例变动

商标样式比例的变动也极其重要。一般来说，企业在使用商标的过程中，法律中仅规定商标必须按照原先大小 1∶1 的比例改变，若是企业突发奇想，将商标变成 1∶2 的比例变动使用，同样也属于自行改变注册商标的行为。

商标权人实际使用的商标与注册商标相比，“主要部分和显著特征”发生变化，就可能被认定构成“自行改变注册商标”，从而可能导致注册商标被撤销的后果。

假冒注册商标罪中“同一种商品”界定浅析

一、法律依据

就商标侵权案件假冒注册商标罪中“同一种商品”概念界定问题，山东省某市知识产权保护中心工作人员赴济南商标审查协作中心探讨交流（见图 2-2）。根据《中华人民共和国刑法》第二百一十三条规定，假冒注册商标罪是指未经注册商标所有人许可，在同一种商品、服务上使用与其注册商标相同的商标，情节严重或特别严重的行为。

图 2-2　某市知识产权保护中心来中心探讨交流

无论是刑法理论还是刑事司法实践中，对“同一种商品”的判断均存在争议。两高一部发布的《关于办理侵犯知识产权刑事案件适用法律若干问题的意见》第五条规定：关于《刑法》第二百一十三条规定的“同一种商品”的认定，名称相同的商品以及名称不同但指同一事物的商品，可以认定为“同一种商品”。

二、情形分析

《刑法》对犯罪行为的认定标准和要求也严于民事侵权和行政违法等其他违法行为。对于假冒注册商标犯罪中的“同一种商品”应以《类似商品和服务区分表》为基础，结合相关公众对商品的一般认知进行综合判断。具体而言，假冒注册商标犯罪中，同一种商品的认定可以分为以下三种类型：

1.名称完全相同的商品

“名称”通常是指《类似商品和服务区分表》中规定的商品名称。此种情况下同一种商品的判断相对客观、直接，只要根据《类似商品和服务区分表》和注册商标核定使用的种类，就可得出明确的结论。

2.名称实质相同的商品

由于各地方言或者风俗习惯的差异，虽然权利人和行为人对各自生产销售的商品赋予不同的商品名称，但该商品在《类似商品和服务区分表》中对应的却是同一个商品名称，比如“水饺”与“饺子”、“汤圆”与“元宵”，虽然在名称上不尽相同，但二者在主要原料、用途、功能等方面是基本相同的，实际指向的是同一种商品，故应当认定为同一种商品。

3.名称不同但指同一事物的商品

该情形是指权利人和行为人各自生产的商品在《类似商品和服务区分表》中对应不同的商品名称，但商品的功能、用途、主要原料、消费对象、销售渠道等方面相同，相关公众一般认为其实质上是同一种事物的商品。例如小件饰物，能够起到装饰和美化作用的小件物品都可以称为“小件饰物”，戒指、耳环明显也属于具有装饰作用的小件物品，虽然小件饰物并不仅仅限于戒指和耳环，但二者在内涵上相同，一般会认定二者属于名称不同但指同一事物的商品。

海外商标服务篇

“市场未动，商标先行。”因商标专用权具有地域性，保护海外商标权，要提前进行海外商标布局，开展商标国际注册。加强商标管理和海外商标布局有助于企业培育知名国际品牌，以品牌知名度打开国际市场，提升品牌国际影响力。

逐一国家注册、地区注册和马德里商标国际注册是三种不同的国际商标注册的途径，其中马德里商标国际注册因其便捷、高效，已经成为商标“出海远洋”的重要方式。目前马德里体系已拥有115个缔约方，涵盖131个国家和地区，意味着申请人使用一种语言、提交一份申请书、缴纳一次基础费用即可在多个国家申请商标保护，但具体国家可能要求额外文件或费用。

自加入马德里体系以来，我国已成为世界上重要的商标申请来源国和商标保护指定国。根据世界知识产权组织（WIPO）统计，近年来，我国马德里国际商标申请量始终排在世界前三位，外国申请人指定中国的申请量始终排在世界前五位。可见我国越来越多的申请人认识到商标国际注册的重要性，并积极通过马德里体系开展国际商标注册，保护海外商标权。

马德里体系服务高效、便捷，但申请人在提交申请注册的过程中，难免会遇到这样那样的问题，例如马德里商标国际注册申请书填写、费用计算、指定缔约方商品问题、国际局不规范回复等。在指导帮助申请人开展马德里商标国际注册的过程中，我们汇集了部分典型案例，从中总结梳理了关于马德里商标国际注册的众多共性问题，以供参考。

“一带一路”沿线国家马德里商标申请注册浅析

一、案例背景

济南商标审查协作中心收到成都某控股股份有限公司有关马德里商标申请注册的相关咨询。该公司旗下有近80家子公司，积极布局海外市场，已在越南、泰国、马来西亚、老挝等8国设立海外子公司，总资产超200亿元。目前该公司名下拥有商标625件。为持续开拓海外市场，打造知名品牌，该公司积极开展海外商标申请注册，2022年通过马德里体系已在澳大利亚、柬埔寨、老挝、印度尼西亚、巴西等国申请注册商标。2024年以来，拟在“一带一路”沿线国家中的沙特阿拉伯、埃及、摩洛哥进行商标注册申请，现向济南商标审查协作中心咨询在这三个国家是否可以通过马德里体系申请商标以及如何自行申请办理马德里商标。

二、案例分析

接到申请人相关咨询诉求，济南商标审查协作中心国际业务部工作人员向申请人作出回复：埃及、摩洛哥为马德里体系缔约方，沙特阿拉伯目前还未加入马德里体系。建议在埃及、摩洛哥通过马德里体系申请注册，在沙特阿拉伯通过单一国家注册途径，委托当地律师或代理进行办理。

申请人进一步咨询马德里注册和单一国家注册的区别，济南商标审查协作中心对此作出详细解答：一是费用不同，马德里体系通过商标局和世界知识产权组织递交材料，费用明晰且为固定规费，仅需要商标申请注册费用，使用 WIPO 费用估算工具可以预先进行费用估算；单一国家注册需要分别到各国委托律师事务所或代办机构，费用包括委托代理费用和商标申请注册费用。二是马德里体系手续、程序相对统一和简化，只用一种语言（英语、法语、西班牙语任意一种）填写一份申请，缴纳一次费用即可，商标局和世界知识产权组织对申请书进行形式审查，检查申请材料是否填写准确，确认无误后转交给各国商标主管机关。三是后续管理方便，如果商标注册后产生变更、转让、续展等后续业务，也可以通过商标局和世界知识产权组织进行一次性办理。

三、相关概念

（一）马德里联盟

“马德里联盟”是指由《商标国际注册马德里协定》和《商标国际注册马德里协定有关议定书》所适用的国家或政府间组织组成的商标国际注册特别联盟。属于马德里联盟的缔约方，均可以通过马德里体系进行商标申请注册，以获得国际注册保护。截至 2024 年 8 月，马德里联盟共有 115 个缔约方。具体如表 3-1 所示：

表 3-1 马德里联盟缔约方

缔约方	加入马德里协定时间	加入马德里议定书时间	国家	加入马德里协定时间	加入马德里议定书时间
阿尔巴尼亚	1995.10.4	2003.7.30	利比里亚	1995.12.25	2009.12.11
阿尔及利亚	1972.7.5	2015.10.31	列支敦士登	1933.7.14	1998.3.17
安提瓜和巴布达		2000.3.17	立陶宛		1997.11.15
亚美尼亚	1991.12.25	2000.10.19	卢森堡	1924.9.1	1998.4.1
澳大利亚		2001.7.11	摩纳哥	1956.4.29	1996.9.27
奥地利	1909.1.1	1999.4.13	蒙古	1985.4.21	2001.6.16

续表

缔约方	加入马德里协定时间	加入马德里议定书时间	国家	加入马德里协定时间	加入马德里议定书时间
阿塞拜疆	1995.12.25	2007.4.15	摩洛哥	1917.7.30	1999.10.8
巴林		2005.12.15	马达加斯加		2008.4.28
白俄罗斯	1991.12.25	2002.1.18	莫桑比克	1998.10.7	1998.10.7
比利时	1892.7.15	1998.4.1	荷兰	1893.3.1	1998.4.1
不丹	2000.8.4	2000.8.4	挪威		1996.3.29
波斯尼亚和黑塞哥维那	1992.3.1	2009.1.27	波兰	1991.3.18	1997.3.4
博茨瓦纳		2006.12.5	黑山	2006.6.3	2006.6.3
保加利亚	1985.8.1	2001.10.2	葡萄牙	1893.10.31	1997.3.20
中国	1989.10.4	1995.12.1	韩国		2003.4.10
克罗地亚	1991.10.8	2004.1.23	摩尔多瓦	1991.12.25	1997.12.1
古巴	1989.12.6	1995.12.26	罗马尼亚	1920.10.6	1998.7.28
塞浦路斯	2003.11.4	2003.11.4	俄罗斯	1976.7.1	1997.6.10
捷克	1993.1.1	1996.9.25	圣马力诺	1960.9.25	2007.9.12
朝鲜	1980.6.10	1996.10.3	塞尔维亚	1992.4.27	1998.2.17
丹麦		1996.2.13	塞拉利昂	1997.6.17	1999.12.28
埃及	1952.7.1	2009.9.3	新加坡		2000.10.31
爱沙尼亚		1998.11.18	斯洛伐克	1993.1.1	1997.9.13
芬兰		1996.4.1	斯洛文尼亚	1991.6.25	1998.3.12
法国	1892.7.15	1997.11.7	西班牙	1892.7.15	1995.12.1
格鲁吉亚		1998.8.20	苏丹	1984.5.16	2010.2.16
德国	1922.12.1	1996.3.20	斯威士兰	1998.12.14	1998.12.14
希腊		2000.8.10	瑞典		1995.12.1
加纳		2008.9.16	叙利亚	2004.8.5	2004.8.5
匈牙利	1909.1.1	1997.10.3	瑞士	1892.7.15	1997.5.1

续表

缔约方	加入马德里协定时间	加入马德里议定书时间	国家	加入马德里协定时间	加入马德里议定书时间
冰岛		1997.4.15	塔吉克斯坦	1991.12.25	2011.6.30
伊朗	2003.12.25	2003.12.25	马其顿	1991.9.8	2002.8.30
爱尔兰		2001.10.19	土耳其		1999.1.1
意大利	1894.10.15	2000.4.17	土库曼斯坦		1999.9.28
日本		2000.3.14	乌克兰	1991.12.25	2000.12.29
哈萨克斯坦	1991.12.25	2010.12.8	英国		1995.12.1
肯尼亚	1998.6.26	1998.6.26	美国		2003.11.2
吉尔吉斯斯坦	1991.12.25	2004.6.17	乌兹别克斯坦		2006.12.27
拉脱维亚	1995.1.1	2000.1.5	越南	1949.3.8	2006.7.11
莱索托	1999.2.12	1999.2.12	赞比亚		2001.11.15
纳米比亚	2004.6.30	2004.6.30	阿曼		2007.10.16
欧盟		2004.10.1	圣多美和普林西比		2008.12.8
以色列		2010.9.1	菲律宾		2012.7.25
新西兰		2012.12.10	哥伦比亚		2012.8.29
墨西哥		2013.2.19	印度		2013.7.8
卢旺达		2013.8.17	突尼斯		2013.10.16
非洲知识产权组织		2015.3.5	津巴布韦		2015.3.11
柬埔寨		2015.6.5	冈比亚		2015.12.18
老挝		2016.3.7	文莱		2017.1.6
泰国		2017.11.7	印度尼西亚		2018.1.2
阿富汗		2018.6.26	马拉维		2018.12.25
萨摩亚		2019.3.4	加拿大		2019.6.17
巴西		2019.10.2	马来西亚		2019.12.27

续表

缔约方	加入马德里协定时间	加入马德里议定书时间	国家	加入马德里协定时间	加入马德里议定书时间
特立尼达和多巴哥		2021.1.12	巴基斯坦		2021.5.24
阿联酋		2021.12.28	牙买加		2022.3.27
智利		2022.7.4	佛得角		2022.7.6
伯利兹		2023.2.24	毛里求斯		2023.5.6
卡塔尔		2023.8.3			

(二)国际商标注册途径

目前,海外国际商标注册的途径一共有三种:一是逐一国家注册;二是地区注册;三是马德里体系注册。逐一国家注册适用于各个国家。地区注册是通过地区商标共同主管机关进行申请。马德里体系注册是覆盖115个缔约方,涵盖131个国家和地区的商标国际注册途径。具体对比如图3-1所示:

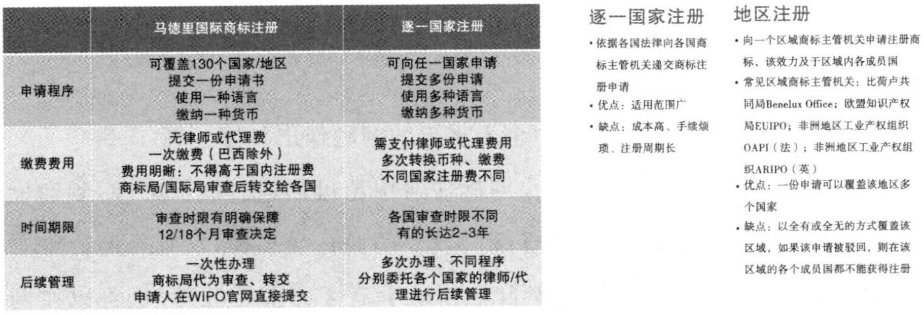

	马德里国际商标注册	逐一国家注册
申请程序	可覆盖130个国家/地区 提交一份申请书 使用一种语言 缴纳一种货币	可向任一国家申请 提交多份申请 使用多种语言 缴纳多种货币
缴费费用	无律师或代理费 一次缴费(巴西除外) 费用明晰:不得高于国内注册费 商标局/国际局审查后转交给各国	需支付律师或代理费用 多次转换币种、缴费 不同国家注册费不同
时间期限	审查时限有明确保障 12/18个月审查决定	各国审查时限不同 有的长达2-3年
后续管理	一次性办理 商标局代为审查、转交 申请人在WIPO官网直接提交	多次办理、不同程序 分别委托各个国家的律师/代理进行后续管理

逐一国家注册

- 依据各国法律向各国商标主管机关递交商标注册申请
- 优点:适用范围广
- 缺点:成本高、手续烦琐、注册周期长

地区注册

- 向一个区域商标主管机关申请注册商标,该效力及于区域内各成员国
- 常见区域商标主管机关:比荷卢共同局Benelux Office;欧盟知识产权局EUIPO;非洲地区工业产权组织OAPI(法);非洲地区工业产权组织ARIPO(英)
- 优点:一份申请可以覆盖该地区多个国家
- 缺点:以全有或全无的方式覆盖该区域,如果该申请被驳回,则在该区域的各个成员国都不能获得注册

图 3-1　国际商标注册途径

马德里商标国际注册申请方式及填写问题解析

一、案例背景

济南商标审查协作中心接到成都某控股股份有限公司有关如何自行办理马德里商标国际注册申请的问题咨询。具体咨询问题：一是马德里商标国际注册申请自行办理的方式、流程；二是马德里商标国际注册网申系统在线填写具体问题；三是填写有误是否不予受理。

二、指导建议

济南商标审查协作中心对申请人提出的问题作出具体解答：

第一，申请人自行办理马德里商标注册申请可以通过线下办理，到商标局商标注册受理大厅、各市场监管部门设立的商标受理窗口、京外商标审查协作中心或商标局驻中关村国家自主创新示范区办事处办理；也可以在网上办理，通过国家知识产权局商标局官网，在"商标网上申请"一栏中自行提交网上申请。

第二，根据填写内容逐一解答，重点提醒申请人要注意填写电子邮箱地址，及时查看邮箱信息，注意是否有补正通知并及时回复。同时指出申请书的填写错误，如公司法律性质处应填写英文、申请人地址应以 China 结尾等问题。

三、操作流程

(一)马德里商标国际注册申请途径、方式

1.申请人可自行提交网上申请(2018年6月,网上申请系统正式上线)

申请人可自行通过网上服务系统在线提交申请。申请人应先注册登录“商标网上申请系统”,在“国际申请”栏目中,按照网站指示填写信息、上传材料。商标网上服务系统网址:https://sbj.cnipa.gov.cn/sbj/wssq/。

2.申请人可到以下地点办理

(1)到商标局委托地方工商和市场监管部门设立的商标受理窗口办理。

2018年11月1日起,部分地方商标受理窗口受理马德里商标国际注册申请等业务,申请人可就近办理。窗口地址可查阅中国商标网“商标申请指南”栏目或“常见问题解答”栏目《京外商标审查协作中心和地方商标受理窗口汇总表》。

(2)到商标局在京外设立的商标审查协作中心办理。

(3)到商标局驻中关村国家自主创新示范区办事处办理。

(4)到商标局商标注册大厅办理。

3.申请人委托在商标局备案的商标代理机构办理

申请人可委托在商标局备案的商标代理机构办理。

(二)马德里商标国际注册网上申请填写注意事项

根据网上申请系统,国际注册申请分为基本信息、申请人信息、申请人资格、共有人、代理信息、注册/申请号、优先权、商标图样、其他事项、指定缔约方、商品和服务等11个填写模块。系统中提供了《马德里商标国际注册网上申请填写要求》,申请人在填写时按照此要求以及信息栏后方的填写备注准确填写,可避免一般性填写问题。

1.基本信息

(1)Applicant's Reference(申请人编号),此项非必填项。

(2)Contracting party whose office is the office of origin(原属局所在缔

约方),我国申请人即为China(中国)。

2.申请人信息

(1)申请人中文名称:该项必须与基础商标注册人或申请人名称保持一致。如为共同申请,要在共有人信息栏目填写共有人信息。

(2)Name(名称):该项填写申请人的英文名称,可以填写申请人中文名称对应的拼音。如果为自然人,填写名字的拼音。

(3)申请人中文地址:该项必须与基础商标注册人或申请人的地址保持一致,如果基础商标注册人或申请人的地址未冠有省、市、县等行政区划的,可以增加相应行政区划名称。

(4)Address(地址):该项填写必须与中文地址保持一致,按照英文地址书写格式和习惯,从小到大进行填写,且必须以国别结束。如 No. 1000, Yusha Road, Qingyang District, Chengdu City, Sichuan Province, China。

第5—7项为选填项,分别是邮政编码、通信地址和 Address for correspondence(通信地址)。请注意如果填写英文通信地址,必须与中文通信地址保持一致,也要遵循英文地址书写习惯,从小到大填写,以国别结束。

第8—10项为申请人的联系方式,分别是 Telephone(电话)、Fax(传真)和 E-mail address(电子邮箱地址),其中传真为选填项,电话和邮箱地址为必填项。特别需要注意的是,邮箱地址务必填写正确,后期相关的国际业务通知国际局仅采用电子方式发送到邮箱里,不再发送纸质通知。

第11—13项为必填项,分别是 Preferred language for correspondence(通信语言)、Applicant type(申请人类型)和 Nationality(国籍)。其中通信语言在“英语”“法语”“西班牙语”三种语言中选择其一即可。申请人类型根据申请人实际情况在“自然人”“××”“××”中如实进行选择。国籍即填China(中国)。

3.申请人资格

该栏中,根据马德里体系要求的申请人基本资格,在“申请人在中国设有真实有效的工商营业场所”或“申请人在中国设有住所”或“申请人具有中国国籍”三项中,勾选符合条件的其中之一。

4.共有人

如果基础商标为共同申请，该栏选择“是”，确认为共同申请，并添加共有人信息。

5.代理信息

如果为代理机构办理，必须填写该栏信息；如非代理机构，则无须填写，直接进入下一步。

6.注册/申请号

该栏中，分为 Basic application number（基础申请号）和 Basic registration number（基础注册号）。申请人填写时应准确无误地填写对应的基础申请号或基础注册号，并填写正确的、对应的申请日期和注册日期。如有多个基础申请号或注册号，单击“+”即可添加。

7.优先权

该栏为申请人声明享有在先申请的优先权。如果申请人享有优先权，应在此栏中选择“是”，并准确填写对应的优先权信息，包括申请号、申请日期以及对应享有优先权的类别号、商品和服务项目。其中需要特别注意的是，商品和服务项目要用英文填写。

8.商标图样

该栏是申请人上传基础商标图样处，要注意的是，应上传与基础申请或基础注册完全一致的商标图样，不得有任何改变。

另外，当申请商标为标准字体时，可选填“声明希望其商标被视为标准字体”。当申请商标为纯颜色组合时，可选填“该商标由如图所示的一种或几种颜色组合构成，不含任何图形要素”。当申请商标为彩色图样时，可选填“要求将颜色作为商标的显著特征加以保护”。

9.其他事项

(1)Transliteration of the mark(商标音译)：如果商标由非拉丁字符或非阿拉伯数字或非罗马数字组成或包含此类文字或数字，此栏必须填写。例如，商标中含有汉字“凤凰”，需要填写对应的汉字拼音“FENG HUANG”。

(2)Translation of the mark(商标意译):该栏是解释商标图样中的含义,某些缔约方会要求申请人必须填写商标意译,如新加坡。因此建议申请人用英文填写商标意译,用以解释其含义。如果申请人商标图样中所含的文字无含义,意味着无法翻译,可以勾选下方的 The words contained in the mark have no meaning(and therefore cannot be translated)[该商标所含文字无含义(因此无法翻译)]选项。

(3)关于立体、声音、集体声明商标的情况:如果基础商标为立体商标、声音商标、集体或证明商标,需要勾选此项。如果不是,请勿勾选。

(4)Description of the mark(商标描述)。

(5)Verbal elements of the mark(文字要素):如果商标中包含拉丁字符或阿拉伯数字或罗马数字,要如实填写。例如,商标中含有"凤凰 Phoenix",此项应填写"Phoenix",否则,国际局将按照自己的理解提取商标中的基本文字要素。

(6) The applicant wishes to disclaim protection for the following element(s) of the mark (申请人声明放弃商标中下列要素的专用权):如果申请人想要放弃商标中某些要求的专用权,可在此栏填写,注意需要使用英文填写。

10.指定缔约方

该模块申请人选择希望获得商标保护的国家,选择相应的缔约方即可。

11.商品和服务

该模块填写基础商标的商品和服务项目,分别正确填写类别、商品和服务的中文名称以及对应的商品和服务的英文名称。注意中英文商品和服务要一一对应,且尽量保证英文商品和服务翻译的准确性。

马德里商标申请注册“中心打击”问题解析

一、案例背景

济南商标审查协作中心收到成都某控股股份有限公司有关马德里商标的国内基础商标可能面临被撤三或无效宣告风险的咨询。具体问题是：前期了解到如果马德里商标在国内的基础商标被撤三或无效宣告，在其他国家的商标也会相应失效。为了便于在国际市场上打造商标品牌，该公司在国内注册了一个纯英文“GARSONI”商标作为基础商标，但目前在国内市场基本是使用中文商标“嘉施利”或中英文组合商标“嘉施利 GARSONI”，很少使用纯英文商标“GARSONI”。现在该公司担心马德里的国内基础商标缺乏有效使用，会导致在其他国家的商标注册失效。

二、指导建议

申请人提出的问题是基于马德里体系的中心打击原则，该公司国际商标的基础申请为纯英文商标“GARSONI”，由于在国内市场使用，中英文组合商标“嘉施利 GARSONI”更具识别度，利于消费者辨别，而纯英文商标“GARSONI”未在国内进行实际使用，因此该商标可能存在被“中心打击”的风险，即自国际注册之日起 5 年内，基础商标未核准或被撤销或宣告无效后，国际商标同时失效。

对此，济南商标审查协作中心提出两条建议：一是该公司在国内市场使用时，最好对纯英文商标“GARSONI”进行相应使用并保留有效使用证据；二是在“中心打击”原则中，国际商标对基础商标的依附期为5年，如果在5年内基础商标面临被撤三或宣告无效的风险，可以通过国际注册转国内注册的救济途径，来维护在各个国家的商标权利。自国际注册之日起5年后，国际商标独立于基础商标，将不存在“中心打击”风险。

三、案例解析

（一）“中心打击”原则

《商标国际注册马德里协定有关议定书》第六条中规定了“国际注册的有效期以及国际注册的依附和独立”：

1.在国际局注册商标以10年为期进行，并可以第七条规定的条件续展。

2.自国际注册之日起5年期满后，国际注册即分别与基础申请或由之产生的注册或者基础注册相独立。如下另有规定的除外。

3.在注册之日起5年期满前，如果基础申请或由之产生的注册或者基础注册分别就全部或部分国际注册中所列的商品和服务被撤回、过期、被放弃、最终驳回、注销或被宣布无效，无论其是否已被转让，都不得再要求国际注册给予保护。

(1)一项对驳回基础申请的决定提起的上诉。

(2)一项旨在撤回基础申请或注销、撤销由基础申请产生的注册或基础注册，或者宣布此类注册无效的诉讼。

(3)一项对基础申请提出的异议于5年期限届满后，导致驳回、撤销或宣布无效的终局决定，或者分别要求撤回基础申请或由之产生的注册或者基础注册，条件是有关上诉、诉讼或异议于该期限届满前开始。这同样适用于在5年期满后被撤回的基础申请或被撤销的由基础申请产生的注册，条件是撤回或放弃时，所述申请或注册正处于第(1)、(2)或(3)点提及的程序中，并且该程序开始于所述期限届满之前。

如实施细则所规定的，原属局将符合第(3)款的相应事实和决定通知国际局。国际局按照实施细则的规定通知一切有关方面，进行相应的公告。必要时，原属局应向国际局申请撤销国际注册，国际局则对该申请进行相应的处理。

（二）救济措施及解决途径

《商标国际注册马德里协定有关议定书》第九条之五中规定了“将一项国际注册转变为若干国家或地区申请”。

应原属局根据第六条(4)提出的请求，当一项国际注册就其中所列的全部或部分商品和服务被撤销时，曾为国际注册的注册人向其国际注册曾有效的领土所属的某缔约方局提交同一商标的注册申请时，该申请应作为在符合第三条(4)的国际注册之日或按照第三条之三(2)登记领土延伸之日提交的申请处理，并且如果该项国际注册曾享有优先权，此申请亦应享有同样的优先权，条件是：

(1)此申请于国际注册被撤销之日起3个月内提交。

(2)对于有关缔约方而言，申请中所列的商品和服务实际包含在国际注册的商品和服务表中。

(3)所述申请符合所适用法律的一切规定，包括费用的规定。

马德里商标国际注册和单一国家注册对比分析

一、案例背景

济南商标审查协作中心接到申请人咨询电话，该申请人意欲在海外注册商标，咨询马德里商标国际注册与单一国家注册两种途径有何区别。

二、指导建议

济南商标审查协作中心为该申请人介绍了单一国家注册和马德里商标国际注册两种国际注册途径，分析和对比了两种途径的特点。申请人可以自行斟酌两种国际注册方式的优缺点，选择适合企业布局的方式进行国际注册。

三、案例分析

（一）单一国家注册

1.概述

申请人通过代理人或其他方式，到目标国家逐一办理商标注册，向各国商标主管机关分别递交商标注册申请。

2.特点

适用范围广，不需要在中国有基础注册或基础申请，但是注册成本高，注册周期不定且通常周期长。由于各个国家商标审查制度不同，需要企业主动了解相关法律条文以保证前期注册和后期维权顺利进行。建议申请人在进行商标单一国家注册前做好商标事先查询，否则一旦注册失败，投入损失很大。

（二）马德里商标国际注册

1.概述

马德里商标国际注册是根据《商标国际注册马德里协定》或《商标国际注册协定有关议定书》的规定，由世界知识产权组织国际局办理，在马德里体系成员之间所进行的商标注册。

马德里商标国际注册需基于国内基础注册或基础申请的商标，而且只能在缔约方之间适用，未加入的国家不能通过马德里体系注册。

2.特点

马德里商标国际注册手续便捷，只需用一种语言（英语、法语或西班牙语）交一份申请，向一个局（原属局）缴费，后期的续展、变更、转让等业务也是一次性办理，方便申请人进行集中管理。其费用相对较低，且马德里体系规定成员的主管局必须遵守自国际注册通知之日起 12 个月或 18 个月的驳回期限。在上述驳回期限内，如果被指定缔约方主管局没有发出临时驳回通知，那么在被指定缔约方该商标即在所申请的所有商品和服务上自动获得保护。随着商业战略演进，企业可通过马德里体系的后期指定，灵活地增加新缔约方，在新市场继续拓展商标保护。

马德里商标英文名称、地址填写规范解析

一、案例背景

济南商标审查协作中心收到马德里商标申请人关于英文名称和地址翻译规范的问题咨询，申请人对于如何用英文填写申请人名称、地址等信息存在疑惑。

二、指导建议

济南商标审查协作中心详细分析了申请人填写情况，发现错误原因在于申请人填写信息时全部用汉语拼音代替，且申请人英文名称与中文名称不一致。济南商标审查协作中心告知申请人，填写马德里商标国际注册申请时，申请人英文名称应与中文名称一一对应，建议按照国际企业名称规范进行翻译，避免全部使用拼音，英文字母也无须全部大写。填写地址时，英文地址应与中文地址保持一致，按照地址单元从小到大的顺序填写，并以逗号隔开，结尾加上国别“China”。

三、答疑解惑

（一）公司名称如何翻译成英文？

公司名称的英文翻译主要包括音译、意译、音意结合等方法，翻译方式

的选择具体取决于公司名称构成和行业特点。

1.音译

当公司名称包含专有名词(如人名、地名等)时,可以采用音译的方法进行翻译。音译可以采用汉语拼音,也可以采用英语拼写的方式,或者将两者结合使用。例如,“山东张三化工集团有限公司”可翻译为“Shandong Zhangsan Chemical Group Co., Ltd.”,其中“Shandong”和“Zhangsan”就是音译部分。

2.意译

对于公司名称中的生产对象或经营范围、企业性质等部分,通常采用意译的方法进行翻译。例如,公司名称中的“化工集团”可翻译为“Chemical Group”,而“有限公司”可翻译为“Co., Ltd.”。

3.音意结合

对于一些由专有名词加普通名词构成的公司名称,可以采用音意结合的方法进行翻译。这种方法结合了音译和意译的特点,使得翻译既保留了原名的特色,又能被目标语读者理解。例如,“中欧管理贸易有限公司”可译为“Sino-European Management Trading Ltd.”,在该翻译中,“Sino-European”采用了音意结合的方式,其中“Sino”和“European”分别音译自“中”和“欧洲”,而“Management Trading Ltd.”则是意译部分。

4.特定行业的翻译

某些行业有其特定的翻译方式,例如保险公司可以有多种翻译方式,如“Export Credit Insurance Corporation”“Export Finance and Insurance Corporation”等,具体选择取决于公司的业务范围和目标市场。

综上所述,公司名称英文翻译要遵循统一原则,英文名称必须与中文名称保持一致,不可重译、漏译,以免发生不必要的误解。

(二)公司地址如何翻译成英文?

公司地址的英文翻译应遵循以下几个原则,以确保信息的准确传达和国际化交流的顺畅:

1.准确性

首要原则是确保翻译的准确性。地址中的每一个元素,如街道名、门牌号、城市名、省份或州名、国家名等,都需要准确无误地翻译。特别是专有名词,如地名、街道名等,应参考官方或广泛认可的翻译版本。

2.规范性

在翻译公司地址时,需要遵循英文地址的书写习惯,即从具体的门牌号码、路段名开始,到所在的区、市、省份和国家。例如,如果地址是北京市朝阳区的一个公司地址,翻译成英文时,应该是街道名称、门牌号码、区、市、省份。具体到某个地址,比如北京市朝阳区光华路1号,翻译成英文就是"1 Guanghua Rd., Chaoyang District, Beijing, China"。

3.一致性

在翻译过程中,应保持格式和风格的一致性。例如,如果街道名采用首字母大写的方式,那么整个地址中的街道名都应遵循这一规则。此外,对于缩写和全称的使用也应保持一致。

4.简洁性

虽然准确性是首要考虑,但也要尽量保持地址的简洁性。避免使用冗长或不必要的词汇,使地址更加易于理解和记忆。

5.国际化

考虑到地址是由外国审查人员审查,翻译时应尽量采用国际化的表达方式。例如,使用国际通用的缩写(如"St."代表"Street","Ave."代表"Avenue")和格式,并且使用适当的标点符号(如逗号、空格等)来分隔地址的各个部分,以方便理解。

6.文化敏感性

在翻译过程中,要注意避免使用可能引起误解或冒犯的文化敏感词汇。虽然公司地址本身可能不涉及太多文化因素,但还是应保持谨慎,确保翻译内容符合目标语言的文化习惯。

(三)英文名称中含有"中"字的如何翻译?

若申请人名称中含有"中""唐""华"等,不建议将这些中文译为"China"。

例如，有申请人将“中数”译为“China digital”，“唐国”译为“China state”，“华科”译为“Chinascience”等，以上都是不符合翻译规范的。建议此类公司名称用汉语拼音代替，例如“中数”译为“Zhongshu”、“唐国”译为“Tangguo”等。

含有“中”字的仅有以下特殊情况才可以酌情翻译为“China”，如在国务院国有资产监督管理委员会名下可查询到的国企和央企，可以使用“China”，例如“中国邮政”译为“China Post Group Corporation”，中国建筑译为“China State Construction Engineering Group Co., Ltd.”。

马德里商标优先权问题解析

一、案例背景

济南商标审查协作中心接到申请人关于马德里商标优先权问题的咨询，询问马德里商标国际注册中优先权的时长、申请方式和限定规则等问题。

二、指导建议

申请人申请的商品为12类“电动运载工具”“陆地车辆变速箱”等，该类商品均享受优先权保护。济南商标审查协作中心详细分析了优先权的注意事项，如在网上申请填写优先权信息时，需注明国内基础号和国内申请日期。若只有一个类别，则无须填写商标类别号；若涉及多个类别且存在优先权，则需要明确指出具备优先权的类别号。若一个类别里面所有商品和服务都有优先权，则无须列出具体的商品和服务项目；如果是部分商品或服务有优先权，则需要列明有优先权的商品或服务。

三、答疑解惑

1.什么是马德里国际商标优先权，优先权有何作用？

马德里国际商标优先权是指在多个国家申请商标注册时，可以利用在一个国家首次申请的日期作为优先权日。这意味着如果在第一个国家提交了商标申请，那么在接下来的一定期限内，申请人可以在其他国家申请相同的商标，并声称这些申请具有相同的优先权日。优先权日对于保护知识产权非常重要，因为它决定了知识产权申请日期，并可能影响多国审核的在先顺序。通常大多数国家提供6个月的优先权期限，利用马德里商标注册，主张商标国际优先权，可以保护首次申请人的权益，防止他人抢注。

2.如何申请马德里商标优先权？

在国内申请商标后6个月之内，就同一商标在相同商品上提出马德里商标注册申请时，可以享有优先权。申请人在网上通过国家知识产权局官网申请马德里商标时，填写完国内基础号和国内申请日期后，会有选项勾选是否需要优先权。若勾选了需要优先权，系统自动将国内商标申请日期填入优先权日期中，此时优先权日期就生效了。如不勾选优先权这一选项，则视为不需要优先权日期，申请日期为申请当天日期。案例：张先生在2024年3月1日申请了国内商标，因公司发展需要，2024年6月1日申请了马德里国际商标，在网申中如果勾选了需要优先权日期，则该件马德里商标优先权日期为2024年3月1日，如未勾选优先权日期，则该件马德里商标申请日期为2024年6月1日。注意，以上情况是在国内商标申请后6个月之内，如超出6个月，则没有优先权日期。

3.马德里商标优先权申请中需要注意的问题有哪些？

在申请商品或服务的优先权日期时，可以在网上进行填写并提交相关信息。在这个过程中，申请人需要填写国内基础号，即在国内首次申请该商品或服务的编号。如果申请人所涉及的只有一个类别，并且该类别中的所有商品和服务都享有优先权，那么在这种情况下，申请人无须单独列出具体的商标类别号。然而，如果申请涉及多个类别，并且每个类别中都有商品或服务享有优先权，那么申请人必须明确指出这些享有优先权的类别号。此外，如果在某个类别中，只有部分商品或服务享有优先权，而不是全部，那么申请人需要详细列出这些具体享有优先权的商品或服务项目。这样的详细说明有助于确保申请的准确性和优先权的有效性。

马德里商标国际注册商标要素填写规范解析

一、案例背景

济南商标审查协作中心接到申请人电话，其咨询在提出马德里商标国际注册申请时，商标音译、商标意译、文字要素应如何填写等问题。

二、指导建议

济南商标审查协作中心结合申请人所申商标特点，详细告知申请人若商标图样为纯汉字商标，商标音译为必填项，此项需填写商标图样中汉字的拼音，商标意译需填写商标图样中汉字的英文含义，文字要素则无须填写。

三、申请规范

1.商标音译

商标图样中含有非拉丁字母的，需填写非拉丁字母的发音，商标图样中不含非拉丁字母的，商标音译一栏不用填写。

2.商标意译

新加坡要求中文商标必须对汉字进行逐一翻译，商标整体也要说明有无含义;美国要求说明商标有无含义,是否表示地理名称,在相关的产品或服务行业中是否有特殊含义。如果指定缔约方中没有新加坡和美国,商标意译也可不填写。

3.文字要素

文字要素一栏需填写商标图样中的所有拉丁字母,如果商标图样中为汉字,则无须填写文字要素。

马德里商标国际注册书式填写规范解析

一、案例背景

济南商标审查协作中心接到深圳某商标代理机构的咨询电话，其询问如果申请人基础商标为彩色证明商标（地理标志），为了减少申请费用，是否可以在进行马德里商标国际注册时以黑白商标图样递交，且按照普通商标类型申请国际注册；若最终以证明商标递交，填写时应注意哪些问题。

二、案例分析

济南商标审查协作中心首先对代理公司提出的商标类型及其色彩特点进行综合分析，后向代理公司说明了马德里商标国际注册必须根据国内基础商标进行申请，不能随意更改递交商标的图样及颜色；其次，马德里商标国际注册申请时必须按照国内商标的类型填报，若国内商标为集体商标或证明商标，则申报马德里国际注册时必须勾选对应商标类型。

三、申请规范

1.图样要求

办理马德里商标国际注册申请时，要求申请的商标图样与基础商标的图样完全一致，颜色完全一致，不可以随意改变商标的图样或颜色以及文字的字体等。如基础商标为黑白图样，马德里申请必须是黑白商标；如基础商标为彩色图样，则马德里申请也必须是完全相同的彩色商标图样。

2.商标类型要求

马德里国际注册商标必须与基础商标类型一致。如果基础商标是集体或证明商标，那么不可以作为普通商标进行马德里国际注册申请，必须作为集体或证明商标进行注册申请。同理，如果基础商标是立体商标，则必须作为立体商标进行马德里国际注册申请。

3.翻译要求

无论是集体商标，还是证明商标，填写要求和普通商标没有区别。但是在本案中所咨询的商标是有明显含义的证明商标（地理标志），书式填写时，建议填写商标意译，且不要勾选“The words contained in the mark have no meaning(and therefore cannot be translated)”［标记中包含的词语无意义（因此无法翻译）］选项。

指定美国的马德里商标国际注册填写注意事项

一、案例背景

济南商标审查协作中心接到上海某纺织科技有限公司的咨询电话，该公司计划申请指定美国的马德里商标国际注册，但不了解美国对于马德里商标的相关要求以及 MM18 表格应如何填写。

二、指导建议

济南商标审查协作中心审查员结合审查经验以及相关规定，针对 MM18 表格填写过程中易产生问题的栏目，向申请人解答了指定美国需要注意的商标意译、商品和服务表述等疑问。

济南商标审查协作中心审查员提醒，在填写“商标意译”时要注意，美国要求说明商标本身有无含义，在申请的商品或服务行业中是否有特殊含义，是否表示地理名称等。填写“商品”一栏时，美国要求申请人填写的商品和服务必须符合其国内《可接受的商品和服务分类手册》的要求，马德里国际注册通用的《尼斯国际分类》只作为参考。中心审查员建议，指定美国的申请人在不超出商品或服务范围的情况下，尽量对商品或服务作出删除或细化。比如美国不接受“服装”，但是接受“服装，即衬衫、毛衣、风衣、裤子和运动外套”。

指定美国时，必须填写MM18表格。具体填写内容，可见下文《马德里商标国际注册MM18表格填写规范解析》。

三、案例分析

提交马德里商标国际注册新申请时需提交的申请材料包括：

1.马德里商标国际注册申请书。

2.外文申请书(MM2表格)。

3.加盖公章或签字的申请人资格证明文件，如营业执照复印件、居住证明复印件、身份证件复印件等。

4.委托代理人的，应附送代理委托书。

5.指定美国的，一并提交MM18表格。在填写MM18表格时，应注意美国本国相关商标法律要求，谨慎填写。

马德里商标国际注册 MM18 表格填写规范解析

一、案例背景

济南商标审查协作中心接到申请人王先生的电话咨询。申请人对马德里商标国际注册指定美国时申请人需要上传的表格类型、填写要求、是否需要盖章等问题存在疑问，请求中心对此进行解答。

二、指导建议

济南商标审查协作中心收到申请人电话后，告知申请人指定缔约方有美国时，需上传 MM18 表格，MM18 表格无须加盖公章，并详细介绍了 MM18 表格的填写要求。

三、案例分析

MM18 表格是马德里商标国际注册申请指定美国时必须上传的表格，按国际局要求，自申请之日起两个月内有补正的机会，超过两个月 MM18 表格再没有补正的机会，因此 MM18 表格应认真填写。

“Signature”（签名）一栏，必须为个人手写签名，不得为打印签名；“Signatory's Name(Printed)”[签字人姓名（打印）]一栏，应打印填写签字人姓名的拼音，不可手写，亦不可出现汉字（如样表中，此处可打印填写“张小明”的拼音“Zhang Xiaoming”)；“Signatory's Title”一栏，需填写签字人的职务；“Date of execution”一栏需按照“dd/mm/yyyy(日/月/年)”的格式填写日期。以上四处为必填内容。表格下方的(a)基础申请号及基础申请日期、(b)基础注册号及基础注册日期、申请人英文名称等为选填项，可以填写，也可以空着。

另外，MM18 表格无须加盖公章，如果盖章，则章不能压字。样表见图 3-2。

MM18(E)

DECLARATION OF INTENTION TO USE THE MARK:
UNITED STATES OF AMERICA

By designating the United States in the international application/subsequent designation, the person signing below declares that:

(1) the applicant/holder has a *bona fide* intention to use the mark in commerce that the United States Congress can regulate on or in connection with the goods/services identified in the international application/subsequent designation;

(2) he/she is properly authorized to execute this declaration on behalf of the applicant/holder;

(3) he/she believes applicant/holder to be entitled to use the mark in commerce that the United States Congress can regulate on or in connection with the goods/services identified in the international application/subsequent designation, and

(4) to the best of his/her knowledge and belief no other person, firm, corporation, association, or other legal entity has the right to use the mark in commerce, either in the identical form thereof or in such near resemblance thereto as to be likely, when used on or in connection with the goods/services of such other person, to cause confusion, or to cause mistake, or to deceive,

(5) to the best of the signatory's knowledge, information, and belief, formed after an inquiry reasonable under the circumstances, the allegations and other factual contentions made above have evidentiary support

I declare under penalty of perjury under the laws of the United States of America that all the foregoing statements are true and correct to the best of my knowledge and belief. I understand that willful false statements and the like may jeopardize the validity of the application or document or any registration resulting therefrom, and are punishable by fine or imprisonment, or both (18 U.S.C. §1001) 35 U.S.C. §25(b)

张小明
Signature

_20/04/2018
Date of execution (dd/mm/yyyy)

__Zhang Xiaoming__
Signatory's Name (Printed)

___Manager___
Signatory's Title

INSTRUCTION

This declaration must be signed by:
(1) the applicant/holder or a person with legal authority to bind the applicant/holder, or
(2) a person with firsthand knowledge of the facts and actual or implied authority to act on behalf of the applicant/holder, or
(3) an attorney who is authorized to practice before the United States Patent and Trademark Office under 37 C.F.R. §10.1(c), who has an actual written or verbal power of attorney or an implied power of attorney from the applicant/holder

INFORMATION REQUIRED BY THE INTERNATIONAL BUREAU

(a) Where the present declaration refers to an international application based on a basic application, indicate:
Basic application number .... Date of the basic application .... (dd/mm/yyyy), or

(b) Where the present declaration refers to an international application based on a basic registration, indicate:
Basic registration number: XXXXXXX .... Date of the basic registration: XX/XX/XXXX .... (dd/mm/yyyy), or

(c) Where the present declaration refers to a subsequent designation of an international registration, indicate:
International registration number ....

International Bureau's reference (where applicable) ....
Name of applicant/holder ....

MM18(E) – November 2017

图 3-2　MM18 表格样表

马德里商标国际注册商品与服务限定问题解析

一、案例背景

济南商标审查协作中心收到广州某公司关于马德里商标国际注册中限定商品与服务的问题咨询。代理公司在进行马德里国际商标注册中指定“商品与服务”这一环节时，对于“就一个或多个缔约方限定商品和服务”该如何理解存在疑惑，不清楚“限定商品和服务”部分(见图 3-3)该如何填写。

二、指导建议

济南商标审查协作中心检索查询后深入了解了该申请人的商标申请情况。申请人提交的国际注册申请书中显示，申请人指定了美国和加拿大两个缔约国家，并在 25 类申请了“鞋、帽、袜”等商品，在 35 类申请了“市场营销、广告”等服务。经过与代理公司电话沟通，得知申请人希望在加拿大申请商品和服务项目，在美国只申请部分服务项目。

结合之前来电咨询案例，济南商标审查协作中心审查员发现部分商标代理或者申请人在马德里商标国际注册申请过程中，经常会对“限定商品和服务”产生误解，认为“限定商品和服务”部分仅需要列出有变动的限定商品和服务即可，与在先填写的“商品和服务”中一致的商品和服务不需要在“限定商品和服务”部分重新填写。实际上，一旦对商品和服务作出限定，所实际申请的商品和服务即以限定部分填写内容为准。济南商标审查协作中心将该情况告知代理公司，明确申请人申请意图后，电话指导其填写“限定商品和服务”部分内容，保障申请人所申请的商品和服务项目没有遗漏，有效避免了申请人的经济损失。

图 3-3　商品和服务填写界面

三、案例启示

国家知识产权局制定的《商标审查审理指南 2021》第四部分第十三章“马德里商标国际注册申请审查”5.4 商品/服务信息中规定：

4.马德里商标国际注册申请可以就一个或多个指定的缔约方作出相同或不同的商品/服务清单的限定。

马德里商标国际注册申请中的“限定”不仅仅是对申请人申请国家的限定，也是对申请人所申请的商品和服务项目范围和种类的限定。因此，在作出限定时，应该将在该缔约方希望获得申请的全部商品和服务项目填写在内。例如，张某希望通过马德里商标国际注册体系在某国申请 A、B、C 三类商品和服务项目，根据该国官方及马德里体系要求，需要对 A、C 两项商品和服务作出进一步限定，在实际填写“限定商品和服务”部分时，应将 A、B、C 三类均填写在内，而非仅填写 A、C 两项。只有全面规范填写，才能保障申请人自身权益不受损失。

马德里商标国际注册商品填写要求解析

一、案例背景

济南商标审查协作中心接到北京某公司的咨询电话，其询问申请马德里商标国际注册时的商品填报问题。申请人询问，既然马德里商标国际注册要求国内基础注册或基础申请，那么是否只要与国内基础注册相关的商品或服务都可以无限制填报，收费时是否按照商品或服务项目的个数收费。

二、指导建议

济南商标审查协作中心审查员详细讲解了马德里商标国际注册中关于商品填报的问题。在商品范围方面，申请人所申报的商品和服务不得超过国内基础注册或基础申请中商品和服务的范围。例如，若国内基础注册中申请商品是“服装”，开展马德里商标国际注册申请的时候申请商品可以包含上衣、外套、衬衫、裤子等，原则上按照《类似商品和服务区分表——基于尼斯分类第十二版》只要类似群属于服装（类似群2501—2505）的具体商品都可以写，但是不能写“帽子；手套；腰带”等超出服装类（类似群2501—2505）的商品。在收费标准方面，马德里商标国际注册收费是按照所填报商品和服务的类别个数收费，不是按照具体商品和服务的个数收费。

三、案例分析

《商标审查审理指南2021》第四部分第十三章“马德里商标国际注册申请审查”5.4 商品/服务信息中规定：

1.列明的商品/服务信息不能超出国内申请/注册包含的商品/服务的范围；

2.应按照商品/服务的国际分类分组排列，每一组应列明类别序号；

3.商品/服务应表达准确；

4.马德里商标国际注册申请可以就一个或多个指定的缔约方作出相同或不同的商品/服务清单的限定；

5.中外文书式应使用相对应的语言填写，并保持内容一致。

因此在进行马德里商标国际注册申请时，拟申报的商品范围与国内基础注册或基础申请的具体商品无关，与所在类似群有关。

马德里商标状态查询问题解析

一、案例背景

济南商标审查协作中心接到李先生关于查询马德里商标状态问题的电话咨询。李先生自述于2021年通过商标代理公司提交了马德里国际商标注册申请,但迄今为止未收到任何相关通知,因而来电咨询其未收到通知的原因,并请求中心帮助查询该马德里商标现在的状态。

二、指导分析

经查询后发现,申请人通过河南某代理公司递交马德里国际商标注册申请。济南商标审查协作中心曾于2021年6月发出《马德里商标国际注册申请补正通知书》,经申请人补正回文,中心于当月月底发送了《商标国际注册缴费通知书》。申请人缴费后中心于2021年7月发送了《马德里商标国际注册申请受理通知书》并报送国际局。经查,由于申请人委托商标代理公司负责该件马德里国际商标注册申请,相关通知文件已发送至至代理公司邮箱。

对此,济南商标审查协作中心回复李先生,商标相关通知文件已经发送至商标代理公司邮箱,申请人可联系代理公司或者自行登录指定邮箱查看。就商标状态查询问题,中心告知李先生在原属局审查阶段,商标代理机构和国内申请人经用户注册后，可登录“商标网上申请系统”，选择“国际注册申请”栏，查看已申请的马德里国际商标相关状态、收发文等信息。在国际局审查阶段，若成功取得注册证，申请人或代理人会收到国际局发送的邮件，依据邮件内的国际注册号，申请人或代理人可自行登录世界知识产权组织官方网站（WIPO），输入国际注册号查询申请商标的状态。在被指定缔约方审查阶段，还可以登录被指定缔约方的相关机构官网，自行查询申请商标相关状态信息。如果注册申请被指定缔约方驳回，可及时递交文书开展后续业务。

三、答疑解惑

1.什么是国际注册证？国际注册证是否代表马德里申请已注册成功？

世界知识产权组织国际局对符合要求的马德里申请在国际注册簿上进行登记，同时向申请人颁发《国际注册证》并通知各指定缔约方的商标主管机关。

《国际注册证》的内容包括该马德里申请的所有信息，如国际注册日、国际注册到期日期、注册人信息、商标、指定商品/服务以及依据协定或议定书所指定的缔约方等。

《国际注册证》表示该马德里申请已在国际注册簿上登记，并不代表在各指定缔约方已注册成功。各指定缔约方的商标主管机关在收到国际局通知之后，将会依据本国商标法律规定进行审查，核准注册或驳回申请都会在驳回期限内向国际局发相应通知，由国际局登记后转发申请人。

2.如何查询国际公告？

如需查询国际公告，可登录世界知识产权组织网站（www.wipo.int/madrid/monitor/en/）。为方便我国申请人使用查询国际公告，国家商标局特别在中国商标网发布《查询国际公告使用说明》。具体路径如下，登录中国商标网（sbj.cnipa.gov.cn）进入子栏目“国际注册”后选择“查询国际公告使用说明”。

3.如何通过世界知识产权组织官网查询马德里国际商标注册申请状态?

申请人或代理人可自行登录世界知识产权组织官方网站,输入国际注册号查询相关商标状态。点击进入后,商标图样下方的"Summary"栏目可查看商标基本信息,"Designate satus"栏目可查看被指定缔约方的申请状态,"Real-time Status"栏目可查看被指定缔约方的实时状态,下方"Transaction History"栏目可查看商标在被指定缔约方的审查历史。

马德里商标注册申请补正回文问题解析

一、案例背景

济南商标审查协作中心接到广西某公司的电话咨询。咨询者对于商标局发送的马德里商标国际注册申请补正通知存在疑惑，主要问题包括：一是补正具体流程及提交入口；二是补正中各项修改要求的含义及如何修改。

二、指导建议

济南商标审查协作中心收到申请人电话后，查询其补正通知内容，发现申请人在马德里商标国际注册中主要存在以下几个方面的问题：一是缺少文字要素及商标描述填写不规范；二是商品及服务填写格式有误；三是MM18表格未按照要求采用打印方式填写。

济南商标审查协作中心首先就具体操作问题告知申请人，商标代理机构或申请人在收到《马德里商标国际注册补正通知书》后，需在规定期限内登录国家知识产权局商标局官网，点击进入“商标网上申请”，登录“商标网上申请系统”后，在“我的待回文”栏目中就可以看到需要补正的信息或需要提交的材料，在线提交补正回文即可。中心也就具体修改内容给申请人作出耐心讲解：因申请人所申请的商标中包含英文字母，应将商标中所有英文字母填写在“文字要素”中；“商标描述”应使用完整句子清晰描述商标，亦可作为选填项不填；在填写商品时，应按照一行一个商品或服务的格式进行填写，英文翻译可以参照 MGS 马德里体系商品服务管理器内提供的表述；MM18 表格之中，除“Signature”（签名）需要手写签名外，其余内容应打印填写。

三、案例分析

为保证申请人申请的马德里商标可以更高效快捷地进入相关指定国家受到保护，我国商标局会对申请人递交的马德里商标国际注册申请作出形式审查，以便符合国际局以及其他指定国家的申请要求。若有需要沟通的问题，审查员会与申请人采用电话或者邮件方式取得联系，将申请中有关商品表述不规范、申请信息不准确、提供材料不足等问题一并告知，最后通过商标网上申请系统发出补正通知，由申请人或其代理人自行在线补正。

具体操作流程如下：首先登录国家知识产权局商标局官网（https://sbj.cnipa.gov.cn/sbj/index.html），然后点击商标网上申请（见图 3-4），进入网上申请用户登录，登录后即可查看补正通知。

图 3-4 马德里商标注册申请补正

回复国际局不规范通知案例解析

一、案例背景

昆明某公司就其收到的不规范通知，来电咨询济南商标审查协作中心。国际局向该申请人发送马德里商标国际注册关于商标图样不清晰的不规范通知，要求申请人重新提供一份清晰的商标图样以供后续审查和使用，否则该件马德里商标国际注册申请视为放弃。申请人收到国际局的不规范通知之后，对于如何回复不规范通知存在疑惑。

二、案例分析

接到该申请人咨询电话后，济南商标审查协作中心及时查看该申请人所收到的不规范通知及其商标信息，发现申请人在国内的基础注册时间较早，受限于当时的技术条件，所提交的商标图样清晰度较低，在通过马德里体系进行国际商标注册申请时，不符合马德里商标国际注册对于商标图样的要求，很有可能会影响后续审查环节，不利于申请人海外商标申请。

发现问题根源后，济南商标审查协作中心通过电话与申请人耐心沟通，逐步指导申请人线上回复该不规范通知。首先登录世界知识产权组织官网，进入马德里商标系统界面，点击“Contact Us”(联系我们)，然后由申请人根据自身诉求填写相关商标信息，并重新上传一份清晰的商标图样文件，最后留下邮箱等联系方式后，点击“Submit”提交即可（见图 3-5）。

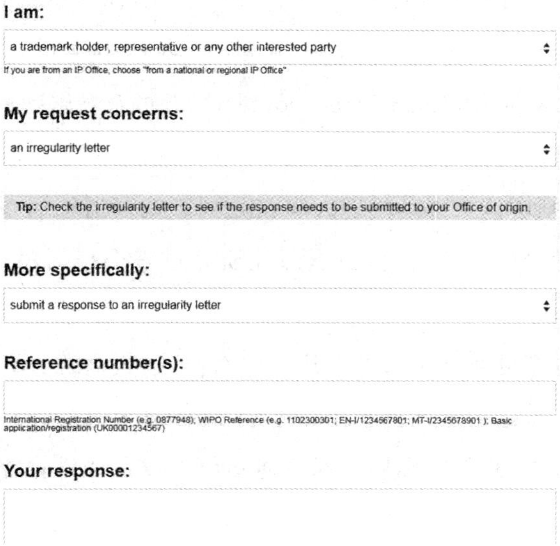

图 3-5　回复不规范通知界面

三、答疑解惑

1.什么是不规范通知？

世界知识产权组织国际局在收到各指定缔约方的商标主管机关提交的马德里商标国际注册申请后，将对申请书式材料进行形式审查。审查的内容包括申请书的填写是否符合《马德里协定》《马德里议定书》以及《共同实施细则》的要求，如商品和服务的表述是否正确，商品和服务的类别划分是否准确等。此外，还要审查有关申请费用是否缴纳。如果该申请书式材料不满足上述要求，国际局将会向各指定缔约方的商标主管机关、申请人或其代理人寄送不规范通知（Irregularity Notice），要求各指定缔约方的商标主管机关、申请人或其代理人在规定的期限内进行回复。

2.如何处理不规范通知？

如果不规范通知要求申请人或其代理人直接回复国际局，则申请人或其代理人应在不规范通知所规定的期限内，及时将外文回复意见直接提交国际局。

具体可登录国际局官网主页查找“IP Services-Madrid/Trademarks-Contacts-Contact Madrid（页面左下角）”，或直接搜索以下网址链接：http://www.wipo.int/madrid/en/contact/，即可登录国际局网上回复页面。

如果不规范通知要求申请人或其代理人通过原属局（Office of Origin）回复国际局，则申请人或其代理人应在收到不规范通知后，尽快将书面回复意见提交商标局国际注册处，由国际注册处审查合格后将回复意见转交国际局。

书面回复意见通常包括以下几个方面：申请人名称、基础申请号或注册号、商标名称、国际局不规范通知的编号、具体修改意见、申请人或其代理人印章及联系方式，并附国际局不规范通知原件或复印件。除商品、服务或有关 MM 表格填写部分需作英文表述外，其他部分可采用中文表述。

不规范答复咨询案例解析

一、案例背景

济南商标审查协作中心接到申请人刘先生的电话咨询。他收到一封来自国际局的不规范邮件，不知道如何处理，请求中心给予指导。

二、指导建议

济南商标审查协作中心收到申请人电话后，及时查看该申请人所收到的不规范通知及其商标信息，发现国际局告知该申请人，其所申请的商品类别 9 类中，某个商品描述过于宽泛，需要修改。济南商标审查协作中心随即电话联系申请人，告知此不规范通知需由原属局即商标局代为回复，并需要申请人出具答复意见；同时，中心就如何填写答复意见及正确填报商品给予了精确指导。

三、案例分析

不规范通知一般分为两类：一是由申请人或代理人自己回复，主要涉及商标图样不清晰、邮箱缺失等问题；二是由原属局代为回复，主要涉及商品和服务翻译等问题。

其中，商品和服务翻译问题又分为两种情况：一种是国际局认为某商品或服务涉及跨类别申请，需要移动类别，因此种情况可能涉及费用变动，所以必须作出答复，否则视为放弃；另一种是国际局认为某商品或服务描述过于宽泛，需要重新描述，此种情况可选择不回复，但国际局会对此情况进行标注，进而可能影响后续的审查结论。所以无论哪种情况，都建议及时回复。

申请人或其代理人收到国际局不规范通知后，会邮寄纸制的答复意见至商标局；答复意见里需注明申请人名称、国内基础申请或注册号及具体的修改内容并加盖公章。

马德里商标注册收费问题解析

一、案例背景

济南商标审查协作中心接到黄先生的电话咨询。黄先生询问，马德里国际注册费用是否只在商标注册成功后才需缴纳，若商标未注册成功，是否会退费。

二、指导建议

济南商标审查协作中心收到来电后，依照有关规定作出回复。国家知识产权局商标局明确规定了马德里国际注册新申请商标的费用，该费用主要由基础注册费、补充注册费、附加注册费、单独规费组成。申请人所缴纳的费用是受理马德里商标国际注册申请的工作规费，缴费成功代表成功受理该申请，并不代表在指定缔约方成功取得商标注册，因此该费用不会因商标未成功注册而退回。

三、案例分析

马德里国际注册申请主要由三个阶段构成：第一阶段为原属局阶段，由国家知识产权局商标局审查申请文书；第二阶段为国际局阶段，由世界知识产权组织（WIPO）进行形式审查，审查通过后，向申请人颁发注册证，申请人可获得国际注册号;第三阶段为指定缔约方阶段,由指定缔约方在12或18个月内进行实质审查并给出结论(见图3-6)。

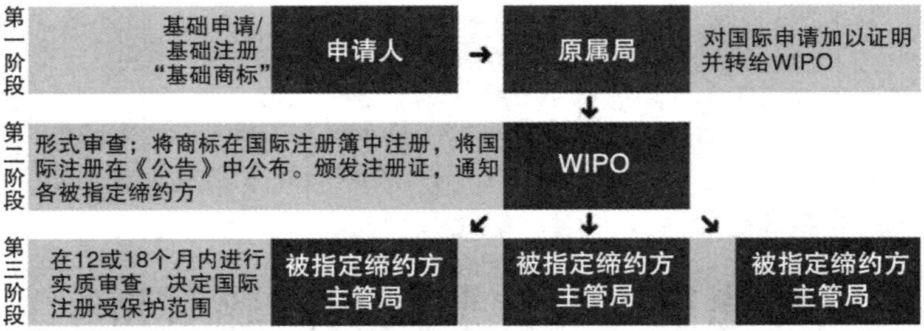

图3-6 马德里商标申请注册流程

目前申请人所需缴纳的马德里商标国际注册费用,与国内商标注册申请类似,均为申请受理规费,并不能保证注册成功。规费在第二阶段或第二、三阶段收取,先由国家知识产权局商标局代为收取,后根据进度统一划转给国际局,原属局阶段商标局不额外收取费用。

马德里商标国际注册费用咨询案例解析

一、案例背景

济南商标审查协作中心接到申请人刘先生的咨询电话。刘先生对马德里商标国际注册的申请费用存在以下疑问：一是国内基础商标申请了 13 个商品及服务项目，进行马德里申请时可以填写多少项目，收费标准是什么；二是德国、法国、俄罗斯等国家如何收费；三是马德里商标收费额如何计算。

二、指导建议

济南商标审查协作中心审查员接到电话后，查询相关规定并告知刘先生：

1.马德里国际商标申请费用是按照类别收取，并非按照商品或服务的项目个数收取。如果国内基础商标申请了 13 个项目，进行马德里商标注册申请时既可以填写 13 个项目，也可以填写多于或少于 13 个项目，根本原则是不超过国内基础申请或注册商标的商品和服务范围。

2.在德国、法国、俄罗斯三国申请商标，三个类别以内均收取 100 瑞士法郎，每超过一个类别，多收取 100 瑞士法郎。

3.马德里商标国际注册申请费用是由基础注册费、补充注册费、附加注册费和单独规费构成的。

三、案例分析

马德里商标国际注册收费相关规定如下：

1.费用制度

费用单位：瑞士法郎(CHF)。

收费制度：商标局代收费(除国际局规定的费用外，商标局不收取任何费用)。

汇率：收文日期中国银行零点现汇卖出价(小数点后四位)。

2.费用组成

(1)基础注册费：653 瑞士法郎(黑白图样)或 903 瑞士法郎(彩色图样)。

(2)补充注册费：商品/服务 3 个类以内，每个指定缔约方收取 100 瑞士法郎，要求单独收取规定费用的缔约方除外。

(3)附加注册费：在有补充注册费的情况下，如商品/服务的类别超过 3 个，每增加 1 个类别，增加 100 瑞士法郎。

(4)单独规费：某些缔约方会要求收取单独规费。

3.费用计算

申请人可以登录马德里国际商标注册申请费用计算器(www.wipo.int/madrid/en/fees/calculator.jsp)计算自己所需的商标费用。

海外商标入园惠企

一、案例背景

济南商标审查协作中心与山东省某珠宝行业协会商标品牌指导站，联合山东省市场监督管理局、某市下属县市场监督管理局共同走进山东某珠宝首饰有限公司，开展“商标赋能·入园惠企”活动。济南商标审查协作中心为该企业组织了“商标体检”，对该企业在40余个国家的马德里商标国际注册情况进行了详细分析研判，并针对企业在商标国际注册、运用、保护等方面存在的问题给予了专业指导。

二、指导建议

现阶段企业在马德里商标国际注册环节出现的问题主要集中在注册申请填写不规范、阶段性文件处理不当等方面，对此，济南商标审查协作中心按照申请流程，为企业提出了几条建议：

1.企业主体在进行马德里商标国际注册之前，可以通过世界知识产权组织官网提供的全球品牌数据库预先查询国际商标的在先注册情况，灵活调整注册计划。

2.企业利用马德里体系进行国际注册的商标往往具有商品或服务申请类别多、覆盖范围广的特点，但在某些马德里体系缔约方，若申请商品或服务的表述不符合要求，会影响商标注册甚至被直接驳回，如美国不接受类似服装(clothing)等过于宽泛的商品表述方式。为规避这一问题，企业可以通过世界知识产权组织官网的“马德里商品和服务管理器”(MGS)检索商品和服务在指定缔约方的接受情况。

(1)委托商标代理机构开展马德里国际商标注册的企业应主动要求代理机构将网申系统中需要填写的内容尽可能填写完整，比如在先案例中因为商标代理机构未填写“商标描述”这一项，申请不符合某些国家要求导致商标被驳回。

(2)提交申请时，企业应按要求填写申请人自己的邮箱，与代理机构邮箱相区分，以保证及时收到最新回复。

(3)对于美国、韩国发出的临时驳回，尤其是涉及商品和服务方面的临时驳回，企业应及时联系代理机构回复，可以通过改变商品和服务的描述，使其符合当地的审查规则。

(4)申请递交后，企业可以通过世界知识产权组织官网(https://www3.wipo.int/madrid/monitor/)查看商标状态，检索国内基础号、申请人英文名称或国际注册号即可查询商标状态。

山东某生物科技有限公司马德里商标“体检”

一、案例背景

济南商标审查协作中心一行来到山东某生物科技有限公司，为该公司申请过的马德里国际注册商标进行分析研判并解决存在的问题。

二、指导建议

济南商标审查协作中心审查员通过检索申请人马德里商标国际注册基本情况，发现被驳回情形主要出于以下三方面原因：

1.申请商标缺乏显著特征

比如“Health Pocket”商标在马来西亚、奥地利、德国、伊朗、印度以缺乏显著特征为由被驳回；“诺特兰德”商标在越南以缺乏显著特征为由被驳回；“IMMPOWER”商标在匈牙利以缺乏显著特征为由被驳回。

2.存在在先近似商标

比如“Health Pocket”商标、“Oxyenergy”商标在印度因存在在先近似商标被驳回；“NTLD”商标在印度尼西亚因存在在先近似商标被驳回。

3.商品表述不规范

部分商标在加拿大、美国、泰国等国家的注册申请均因商品描述不够清晰被驳回。例如：美国的“膳食纤维”(dietary fiber)要求修改为“助消化的膳食纤维”(dietary fiber to aid digestion),“医用营养品(dietetic substances adapted for medical use)要求修改为“医用营养食品和饮料”(dietetic foods and beverages adapted for medical use);泰国的“营养补充剂”要求修改成“包含×××的营养补充剂;由植物提取物制成的营养补充剂;人用营养补充剂”。

针对以上不同驳回的情形,济南商标审查协作中心给出了如下建议:

对于第一类问题,每个国家对于是否缺乏显著特征的判定标准不同,所以确实难以把握,但可以尽量参考惯例,如越南几乎不接受纯汉字的商标注册申请,申请时可规避。对于第二类问题,申请前可以在世界知识产权组织官网上检索在先商标注册情况,尽可能地避免损失。对于第三类问题,在世界知识产权组织官网“商品和服务翻译器”(MGS)中,可以检索该商品和服务在指定的缔约方是否被接受,如不被接受,要尽量更换描述。例如在第25类上申请商品“服装”,美国往往以过于宽泛为由拒绝接受该注册,因此申请人在申请时可以单独将指定美国的商品限定为“裤子、上衣、裙子”等具体商品,尽可能减少因为商品问题下发的驳回通知。

三、案例分析

进行马德里商标国际注册申请时,各国的审查标准往往存在差异甚至截然不同。申请人虽不可能完全掌握每个国家的审查标准,但申请时仍可以做好充足准备,尤其是在规范商品和服务表述这一方面,申请人可自行利用世界知识产权组织(WIPO)官网的“商品和服务管理器”,检索商品和服务在指定缔约方是否被接受。

流程如下:

步骤一:登录世界知识产权组织(WIPO)官网,找到“商品和服务管理器”,或直接复制以下网址链接跳转:https://webaccess.wipo.int/mgs/index.jsp?lang=en。

步骤二:输入需要检索的商品和服务项目,点击上方“检查被指定缔约方接受情况”,见图3-7。

图 3-7　商品和服务管理器(MGS)商品和服务接受情况检索

步骤三：勾选需要检索的国家，点击 OK 按钮，就会出现相应的结果，标绿色的表示在该缔约方该商品或服务是被接受的，标红色的表示不被接受，标灰色的表示未知（见图 3-8、图 3-9）。

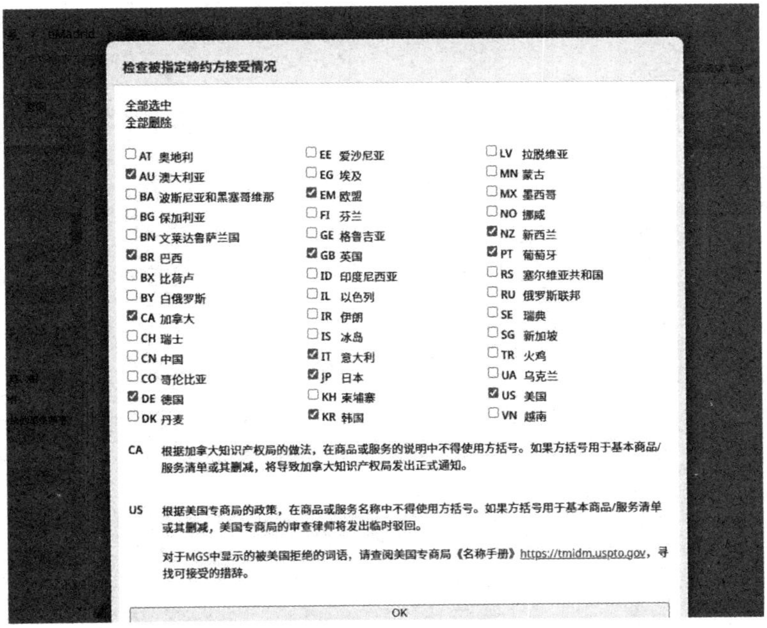

图 3-8　商品和服务管理器(MGS)商品和服务接受情况检索

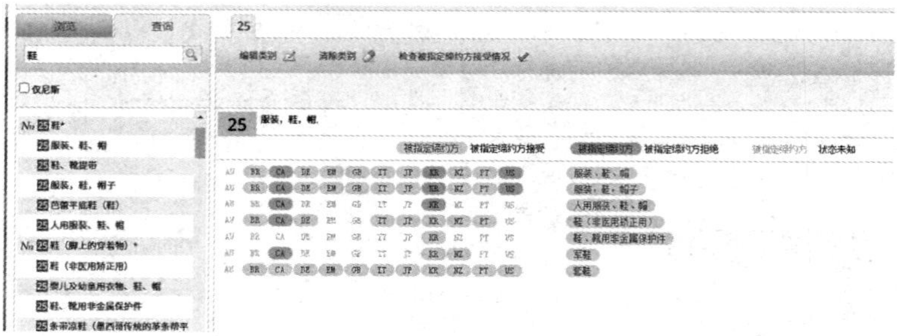

图 3-9　商品和服务管理器(MGS)商品和服务接受情况检索结果

调查研究分析篇

坚定实施知识产权强国战略，发挥商标高质量创造、运用、保护、管理、服务作用，为加快培育发展新质生产力、推动高质量发展提供更加有力的商标品牌支撑，我们结合商标领域出现的新现象、新问题及审查实践，对新时期商标工作提出了一些展望与思考。本篇精选了其中17篇实务调研类文章，涉及各类商标注册驳回分析建议、知识产权保护与人才培养、商标质押融资、企业知识产权海外布局等多个领域，望能为读者提供有益的借鉴，共同加深对商标工作的规律性认识。

商标赋能服务推动山东经济高质量发展

党的二十大报告指出，高质量发展是全面建设社会主义现代化国家的首要任务，要加快构建新发展格局，着力推动高质量发展。知识产权作为激励社会创新的重要手段，在优化营商环境、推动经济高质量发展等方面发挥着重要作用。近年来，山东省委、省政府高度重视知识产权工作，以培育新质生产力为牵引，印发《山东省知识产权强省建设纲要(2021—2035年)》《山东省"十四五"知识产权保护和运用规划》，将知识产权保护工作列入高质量发展考核，知识产权创造、运用、保护、管理、服务各项工作走在全国前列。济南商标审查协作中心认真落实省委、省政府决策部署，始终坚持党建引领，站位全省经济社会高质量发展大局，充分发挥职能优势，不断优化强化服务方法路径和提高能力水平，在服务知识产权强省建设、助力地方经济高质量发展方面取得明显成效。

一、基本情况

济南商标审查协作中心(以下简称"商标中心")是经国家知识产权局批准设立的全国五个地方商标审协中心之一。一方面，商标中心受商标局委托，承担30余项国内国际商标注册审查辅助工作，业务范围覆盖全国。另一方面，按照山东省市场监管局(知识产权局)部署安排，为全省各行业开展商标领域的公益服务。

自2018年9月挂牌运行以来，商标中心聚焦落实商标审查主责主业与服务经济高质量发展两条主线，累计完成商标注册申请审查突破800万件，马德里商标国际注册业务审查质量连续三年保持全国首位。紧紧围绕服务黄河流域生态保护和高质量发展及绿色低碳高质量发展先行区建设，出台服务地方经济发展十条举措，深入实施商标品牌战略，着力打通服务企业、服务产业的“最后一公里”，成为推动知识产权强国强省建设的重要力量。

二、主要做法

（一）提高政治站位，持续优化企业创新发展环境

1.强化商标审查政治意识。把学习贯彻习近平总书记关于知识产权工作重要指示论述作为重大政治任务和重要政治责任抓紧抓好，全面强化“为党和人民审好商标”意识，教育引导审查员正确认识商标审查国家事权属性，定期开展党政知识宣讲，不断提升政治机关意识，着力提升履职能力。坚持党对商标审查工作的全面领导，认真履行全面从严治党主体责任和班子成员“一岗双责”，切实把党的领导体现和贯彻到中心工作各环节、全过程，确保省局和商标局部署要求在中心落实落地。

2.大力推进商标审查提质增效。国内商标实质审查抽检合格率、复核核出率等质量指标稳步提升，马德里国际商标审查质量保持全国领先地位；一般情形商标审查、审核时限稳定在3个月以内，全面杜绝了商标积压及无理由超审限情形，有效满足了创新主体和经营主体对提质增效的新期待。严厉打击商标恶意注册申请行为，严格重大不良影响商标管控，累计依法驳回恶意商标注册2.68万件，向商标局报送囤积兜售性有关线索17247件，开展商标不良影响全面自查448.6万件，及时处置问题商标773件，维护了商标审查良好秩序，守住了商标审查意识形态防线。

（二）聚焦高质量发展，全面提升服务保障能力水平

1.打造“一站式、全流程”商标业务受理窗口。深化“互联网＋政务服务”应用，建设智能、高效、便捷的商标业务受理窗口，中心商标受理大厅累计受

理商标注册新申请 2.8 万件，接受业务咨询 3 万余人次，事先咨询商标 7500 余件，出具商标注册证明 5600 余份，助力 30 余家企业实现质押融资额突破 50 亿元，窗口工作始终保持“零投诉”。发挥辐射带动作用，与国家知识产权局商标局在山东设立的 18 家地方商标业务受理窗口协同联动，举办全省市场监管系统商标工作交流研讨会，结合各窗口需求，定期举办业务培训和“一对一”专业指导，加速提升窗口工作人员业务能力，深层次推进商标受理业务“一窗通办”。

2.搭建三个平台，实现商标协同保护、品牌精心培育。聚焦全省 11 条标志性产业链和专精特新企业，搭建商标品牌指导站服务平台，在 7 个地市设立指导站 23 家，打通了知识产权服务企业、服务产业的“最后一公里”。整合全省商标工作资源，建设商标大数据展示平台，加强商标数据分析利用，持续增强商标数据支撑能力。推动构建知识产权“严保护、大保护、快保护、同保护”工作格局，与济南市公安局搭建全国首个商标保护协同联动工作站平台，对涉及群众切身利益的商标违法行为进行先期筛查、甄别，为公安部门查办商标侵权案件提供专业支撑，合力营造良好的消费环境。

3.建立名录，提供“一对一”“点对点”精准服务。出台《服务企业工作规程》，建立服务企业名录，通过深入企业走访调研、“一对一”服务及动态调整工作机制，深入超意兴、鲁南制药、福瑞达等 16 家企业开展商标工作专题调研，帮助企业解决实际问题。常态化开展知识产权服务万里行、知识产权质押融资“入园惠企”活动，有针对性地为企业提供商标“体检”、预警监测、宣讲培训和马德里国际商标专案指导，帮助企业解决实际问题，培育高价值商标品牌，助推更多的品牌走出山东、走向世界。

4.制定标准，助力企业全产业链构建和资源有机整合。有效整合全省 18 个商标业务受理窗口和 23 个商标品牌指导站资源，协调各协会、联合会等社会团体及相关经营主体，制定《商标业务受理窗口服务规范》《商标品牌指导站建设规范》《商标品牌价值评价》《商标质押登记服务指南》等团体标准，推动商标业务受理窗口、商标品牌指导站、商标价值评估、商标质押等工作标准化、规范化、特色化建设，有力促进商标公共服务提档升级、品牌培育提标扩面，推动商标数据资源逐步向数据产品转化，积极帮助企业确定未来发展战略，打造市场竞争优势。

5.加强政策法规知识宣传，广泛开展志愿服务。广泛开展知识产权宣传，厚植知识产权文化理念，增强全社会尊重和保护知识产权的意识，推动知识产权文化与法治文化、传统文化、创新文化、诚信文化深度融合。在全国知识产权宣传周期间，联合济南市检察院、山东省地理标志产业协会、山东省知识产权服务业促进会、山东省广告协会等多家单位开展丰富多样的活动。积极开展商标科普开放日、知识产权进课堂等活动，累计参观800余人次，在全社会营造浓厚的知识产权保护氛围；组织审查员开展“商标赋能·入园惠企”培训，有效推动知识产权文化宣传进企业、进社区、进校园，走进社会公众日常生活。

（三）强化示范引领，以战斗堡垒和先锋模范坚实力量保障一流机构建设行稳致远

1.坚定不移强化理论武装，凝聚起干事创业的强大力量。认真落实“第一议题”制度，深入学习习近平新时代中国特色社会主义思想、习近平总书记视察山东重要讲话及重要指示精神、党的二十届三中全会精神，充分发挥党总支、各支部战斗堡垒作用，利用“三会一课”、主题党日、专家辅导、现场教育等多种形式，努力在深化、内化、转化上聚力用劲，推动党员干部在深学、细悟、笃行中汲取奋进力量。扎实开展党纪学习教育，抓住《中国共产党纪律处分条例》这一学习重点，教育引导党员干部学纪、知纪、明纪、守纪，筑牢全体干部职工商标审查廉洁从业防线，确保商标审查始终沿着党指引的方向稳健前行。

2.驰而不息抓好作风建设，以优良作风激发干事创业动力。制定《贯彻落实全省市场监管系统行风建设三年攻坚专项行动的实施方案》，与“四抓四提”作风建设、商标领域教育治理行动融合共促，着力在严上下功夫、在措施上抓深化、在效能上求突破，全面锤炼商标审查过硬作风和过硬队伍。坚持把商标审查工作放在知识产权强国建设和经济发展大局中考量，积极争取将严厉打击商标恶意注册、实施商标品牌工程、开展马德里国际商标专案

指导等更多措施纳入全省知识产权大保护工作格局，不断优化商标注册申请窗口服务、规范商标注册审查服务、强化作风监督约束、加强队伍建设和能力提升，以优良作风激发干事创业动力，护航经济社会高质量发展。

3.坚持党管干部、党管人才，着力锻造商标事业专业人才队伍。牢固树立"知识产权人才是发展知识产权事业的第一资源"理念，聚焦加强知识产权领域"商标审查业务人才、专业技术人才和行政管理人才"三支队伍建设，出台《人才培养规划（2023—2025 年）》《商标审查人才能力提升计划（2023—2025 年）》，大力实施过硬队伍锻造、审查能力提升、专业能力培优、管理能力培强四项工程，人才队伍加快壮大，93 人次入选知识产权领域各类专家人才库，50 余人获得济南市高层次人才分类认定，为新形势下加快推进一流商标审查协作中心、知识产权强省建设提供了坚实的支撑和保障。

三、经验启示

抓创新，争一流，坚持高质量发展不动摇。中心在以商标赋能地方经济高质量发展的同时，也积极总结经验，探索方式方法，在党建业务融合、创新服务路径、加强人才培养等方面获得了几点启示，具体经验如下：

1.坚持把党建引领作为推动高质量发展的航标指引

强化党建引领，以党建带动业务工作发展。通过开展习近平新时代中国特色社会主义思想主题教育学习，统筹推进专题学习、志愿服务、主题党日等活动，帮助党员干部在思想认识上辩证处理好党建工作与业务工作的关系；加强党建与业务的互促融合，共同参加研究课题，解决问题；开展形式多样的党建活动，增强组织的凝聚力和向心力，激励广大党员干部担当作为、勇挑重担，促进业务工作顺利开展，推进服务地方经济发展工作不断取得新成效。

2.不断创新优化服务方式方法，促进公共服务效能提升

广辟工作思路，不断优化强化服务方法、路径和能力。立足中心职能优势，主动融入服务大局，聚焦国家重大战略部署及省委、省政府决策要求，推动相关政策落地见效；加强同各单位工作协同，充分利用各方资源，汇聚解

决问题、服务社会的工作合力；聚焦经营主体和创新主体需求，定期走进企业开展调研，针对性开展指导服务，打通知识产权公共服务“最后一公里”。

3.创新人才培育模式，夯实事业发展基础

知识产权人才是发展知识产权事业的第一资源，是知识产权高质量发展的先决条件。商标中心进一步完善对外服务人才培养和评价激励机制，提升相关人员综合服务素质。通过加强业务培训，统筹各类培训资源，利用好国家级、省级知识产权远程教育平台，持续提升业务能力；完善人员管理和使用模式，鼓励支持相关人员参与法律职业资格、知识产权师职称考试并给予相应待遇，提升其职业自豪感和归属感，保证服务队伍相对稳定；组织开展知识产权理论研究，强化分级分类培养，重点培养一批骨干力量和高端复合型人才，以有效满足经营主体和创新主体的各类需求。

“专精特新”中小企业品牌建设工作体系调研报告

随着我国经济的持续发展，“专精特新”中小企业在国民经济中的地位日益凸显。“专精特新”中小企业是指具有专业化、精细化、特色化、新颖化特征的中小企业，企业规模必须符合国家《中小企业划型标准》的规定，它们是提升产业链、供应链韧性和竞争力的关键环节，是解决关键核心技术“卡脖子”问题的重要力量，是发展新质生产力、构建新发展格局的有力支撑。

一、“专精特新”中小企业政策支持与法律保障

（一）政策支持措施

国家先后出台了《质量强国建设纲要》《知识产权强国建设纲要（2021—2035 年）》《“十四五”国家知识产权保护和运营规划》等一系列重要文件，为“专精特新”中小企业品牌建设提供根本遵循。2022 年，国家市场监管总局联合 7 部门印发《关于新时代推进品牌建设的指导意见》，联合工信部出台《关于知识产权助力“专精特新”中小企业创新发展的若干措施》，助力“专精特新”中小企业品牌建设。2023 年，山东省委、省政府印发《山东省质量强省建设纲要》，强调到 2025 年“专精特新”中小企业质量发展能力显著提高，部署开展 200 个“专精特新”中小企业标准支持专项。2023 年年底，山东省政

府和国家知识产权局联合印发了《共建绿色低碳高质量发展知识产权强省实施方案》，引导企业建立健全商标品牌建设工作体系，强调政府部门要面向“专精特新”中小企业提供专业化服务。

（二）法律保障措施

2024年以来，国家知识产权局等部门修订出台《企业知识产权合规管理体系要求》国家标准，帮助“专精特新”中小企业筑牢商标品牌等知识产权管理规则，有效防控风险。

全国持续推动《商标法》修改进程，加强对“专精特新”中小企业商标品牌合法在先权利和驰名商标的保护力度，提振“专精特新”中小企业品牌发展信心。

全国各地深入实施新修改的《专利法实施细则》，有效落实《地理标志产品保护办法》和《集体商标、证明商标注册和管理规定》。

（三）政策与法律实施效果

1.品牌数量与质量双提升

通过政策引导、服务优化等措施，有效推动了“专精特新”企业品牌的发展。我省已培育出国家级“专精特新”中小企业1197家，居全国第四位。我省第三批99个“好品山东”品牌名单中，“专精特新”中小企业25家，“专精特新”品牌的知名度和美誉度不断提高。济南商标审查协作中心创新设立商标注册申请事先咨询窗口，为“专精特新”中小企业提供专业参考意见，经咨询后的商标注册成功率提升至95%以上。

2.政策支持力度持续加大

山东省近年来陆续出台政策，从建立培育体系到强化财政支持，再到加强人才引育，着力为“专精特新”中小企业提供全周期、全方位、多层次支持。各地纷纷对新认定的“专精特新”企业给予不同程度的奖励，青岛市对新认定的市隐形冠军、省“专精特新”中小企业及省瞪羚、独角兽企业，分别给予30万元至300万元的一次性奖励；知识产权保护力度不断加强，企业合法权益得到有力维护。

3.创新能力显著增强

“专精特新”中小企业在品牌建设中注重创新能力提升，均建有省级以上研发平台，年研发投入占主营业务收入比重远高于一般企业。这些企业在各自领域内拥有核心技术和自主知识产权，能够为客户提供高品质、个性化的产品和服务。“专精特新”中小企业快速发展，加快突破一批“卡脖子”关键核心技术，提升科技自立自强能力，大力增强产业链、供应链自主可控能力。

4.企业实力显著增强

国家级单项冠军企业从事主营产品领域生产平均年限为24.1年，我省42条重点产业链的112个重点链主企业中，属国家级制造业单项冠军的超30家。“专精特新”品牌凭借卓越的产品质量和优质的服务水平不仅在国内市场上具有较强的竞争力，还积极拓展国际市场，注重与产业链上下游企业的合作与交流，形成产业协同效应和互补优势，不断提升品牌的知名度和影响力。

二、“专精特新”中小企业发展现状

（一）“专精特新”中小企业发展情况

2021年1月，财政部与工信部联合发布《关于支持“专精特新”中小企业高质量发展的通知》，强调以习近平新时代中国特色社会主义思想为指导，着眼于推进中小企业高质量发展和助推构建双循环新发展格局。2022年3月，“专精特新”中小企业被首次写入政府工作报告。2023年政府工作报告显示：全国“专精特新”中小企业达7万多家。2024年6月，财政部与工信部联合发布《关于进一步支持专精特新中小企业高质量发展的通知》，支持地方探索对“专精特新”中小企业培育赋能，不断夯实服务体系。

据统计，截至2024年上半年，我国已累计培育“专精特新”中小企业超过14万家，其中“专精特新小巨人”企业达到1.2万家，数以千万计的中小企业如同中国经济的“毛细血管”，凭借其技术创新能力和专业化程度，成为推动创新、促进就业、改善民生的重要力量。

（二）“专精特新”中小企业品牌建设发展情况

国家知识产权局以“千企千标”“百城百品”及商标品牌指导站建设为抓手，鼓励地方和“专精特新”小企业加强商标品牌建设，支持传统品牌创新升级，积极培育新兴品牌。全国布局建设3900多个商标品牌指导站，年均服务企业超40万次。持续推动商标质押融资惠企服务，2023年全国商标质押融资额达1769亿元，切实解决中小企业品牌发展过程中的资金难题。山东省建立商标品牌指导站549家，覆盖全省16市，发挥济南商标审查协作中心专业优势，建立深入园区、产业协会、企业走访调研、“一对一”服务及动态调整工作机制，帮助“专精特新”中小企业解决实际问题，培育高价值品牌。

利用中国品牌日、中国知识产权年会、中国国际商标品牌节等平台，推广“专精特新”中小企业商标品牌建设典型经验，为企业营造良好的发展环境。我省按照“梯次培育、系统提升”原则，构建以“好客山东　好品山东”品牌为主体、各类品牌为基础的山东品牌体系，支持“专精特新”中小企业入选。

（三）“专精特新”中小企业品牌建设短板

1.品牌影响力有限

相比大型企业，“专精特新”中小企业在品牌影响力上往往处于劣势，难以在市场中形成强大的品牌效应。

2.专业度不足

在跨境直播等新兴营销方式中，“专精特新”中小企业面临人、货、场专业度不足的问题，难以建立有效的品牌传播体系。

3.起步难，资金短缺

品牌建设初期需要大量投入，但中小企业往往面临资金短缺的困境，导致品牌建设起步困难。

4.持续创新能力弱

部分“专精特新”中小企业在持续创新能力上表现不足，影响品牌建设的长期效果。

三、“专精特新”中小企业调研内容与数据分析

（一）调研设计与实施

本次调研旨在全面了解“专精特新”中小企业在品牌建设方面的现状、问题和需求。调研的目标群体主要包括“专精特新”中小企业管理者、市场营销人员、政府相关部门工作人员以及相关领域的研究人员。调研内容主要侧重品牌定位、品牌策略、品牌推广与营销、品牌管理与传播等方面。调研范围覆盖省内有代表性的“专精特新”中小企业或园区，以确保研究成果具有普遍性和针对性。调研方法基于线上和线下相结合的方式进行，以确保调研工具的科学性和有效性，其中线上问卷回收有效数据 51 例。

（二）数据采集与处理

调研采用多种方法进行数据采集。通过半结构化深度访谈，与企业管理者和市场营销人员进行面对面交流。通过结构化问卷调查，广泛采集“专精特新”中小企业的品牌建设数据。在问卷调查中，采集了关于企业所属行业、企业规模、品牌发展规划、自主品牌或注册商标、知识产权保护、品牌宣传渠道、品牌建设投入、品牌建设服务需求、影响品牌建设因素、品牌表现因素、品牌创新方式、企业投入重点、品牌建设路径等方面的信息。

数据采集完成后，对采集到的数据进行整理、分类和加工处理。本文遵循统计学原理和方法，运用 SPSS 数据分析软件，对数据进行统计分析，以揭示“专精特新”中小企业品牌建设的特点、规律和趋势，确保分析结果的可靠性和有效性。

（三）数据分析与发现

对企业规模进行数据分析显示，在调研对象中，小型企业的比例最高，达到了 50.98％；中型企业的比例最低，仅为 9.80％（见图 4-1）。表明小型企业在“专精特新”中小企业中占据了半壁江山，是产业链的重要支撑。

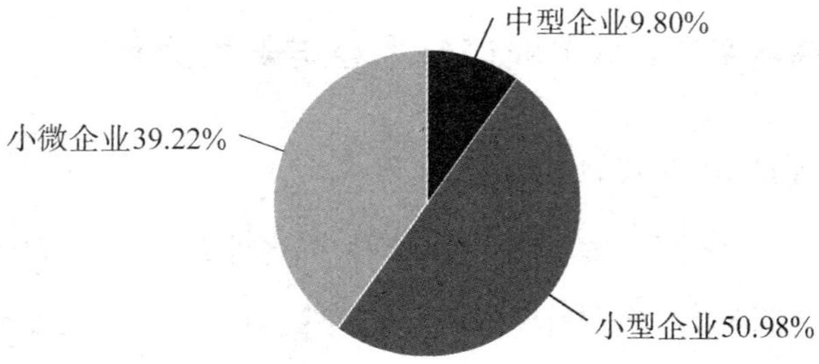

图 4-1　企业规模

对调研对象所属的行业进行数据分析显示，新材料、新能源行业占比最高，达到了21.57%（见图4-2），表明“专精特新”中小企业在新质生产力领域具有较高的参与度和发展潜力。相比之下，农业和建筑行业在调研对象中的占比较低，农业仅占3.92%，建筑行业占比为5.88%，反映出传统行业在“专精特新”中小企业中的相对较小的发展规模。

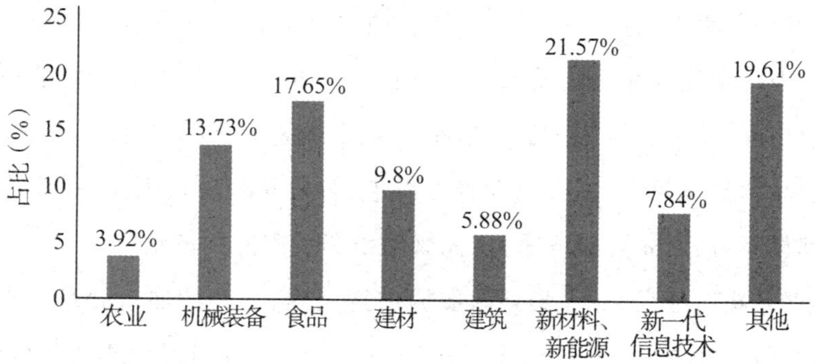

图 4-2　企业所属行业

在企业品牌建设规划方面，高达66.67%的受访企业已经制定了品牌发展规划，并正在实施中（见图4-3）。这充分表明绝大多数受访企业认识到品牌对企业的重要性，并将其作为战略发展的一部分，只有3.92%的企业缺乏对品牌建设的认识和了解。

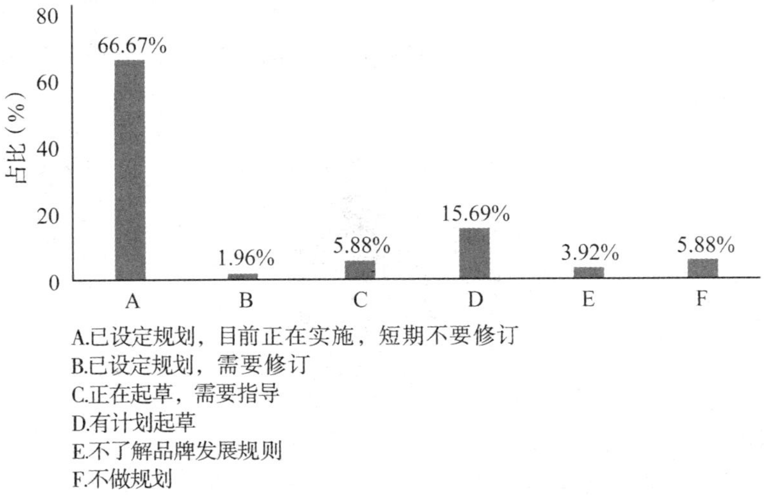

图 4-3　企业品牌发展规划

在企业是否有自主品牌或注册商标方面，66.67％的企业表示拥有自主品牌，并且已经将其推向市场（见图 4-4）。这些企业积极开展品牌建设工作，建立了独特的品牌形象和市场认知，通过推广和营销活动使消费者熟悉并认可其品牌。另外，11.76％的企业表示已经拥有自主品牌，只需进一步完善相关推广措施，即可将品牌真正推向市场。21.57％的企业表示目前还没有拥有自主品牌或注册商标，意味着这些企业在品牌建设方面还存在一定短板，需要进一步提高品牌意识。

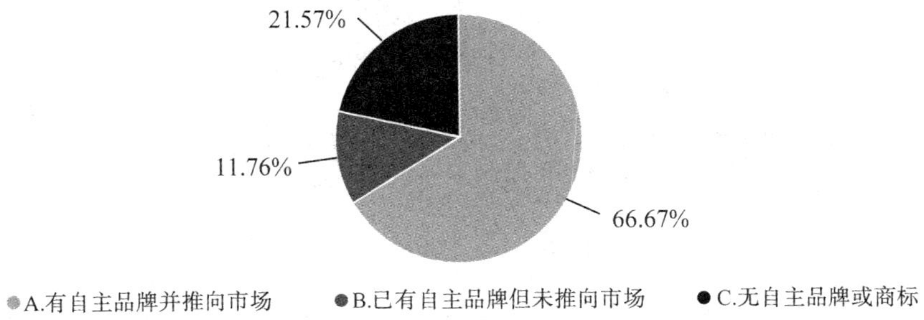

图 4-4　品牌注册情况

在企业知识产权保护方面，84.31％的企业表示未曾遇到过知识产权侵权风险，表明知识产权保护方面取得了一定成效；11.76％的企业表示它们的品牌商标曾经遇到过侵权风险，从而对企业的品牌形象和市场地位造成了一定负面影响（见图 4-5）。

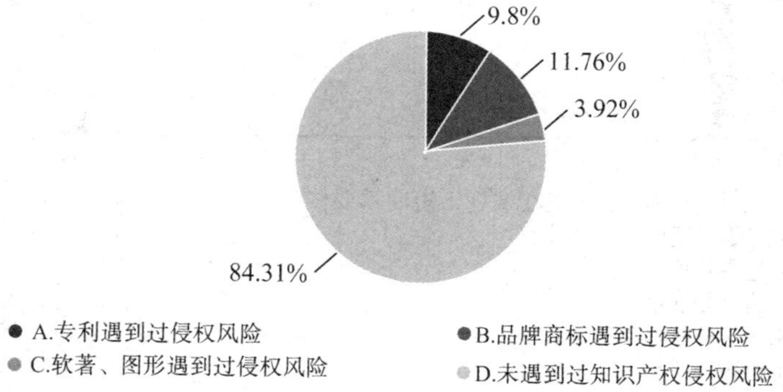

图 4-5　知识产权保护情况

企业商标维权方式的数据分析显示，异议申请（33.33％）、无效宣告申请（9.8％）和撤销连续三年不使用商标申请（7.84％）是企业维护自身商标权益通常采用的主要法律途径（见图 4-6）。另外，49.02％的企业表示它们采取了其他维权方式，包括法律诉讼、协商解决、媒体曝光等多种方式。

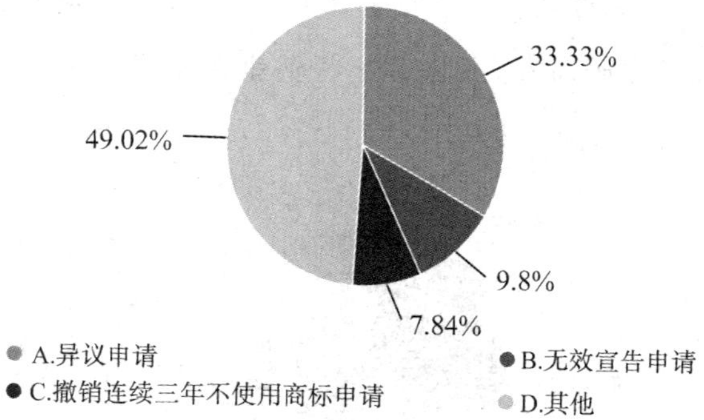

图 4-6　企业维权方式

企业的品牌宣传主要渠道数据分析显示，互联网及移动媒体在所有宣传渠道中占据重要位置，43.14％的企业主要通过此方式进行品牌宣传，33.33％的企业主要通过自媒体进行品牌宣传，9.8％的企业主要通过电视媒体进行品牌宣传，7.84％的企业主要通过户外广告进行品牌宣传，仅有5.88％的企业主要通过纸媒进行品牌宣传（见图 4-7）。

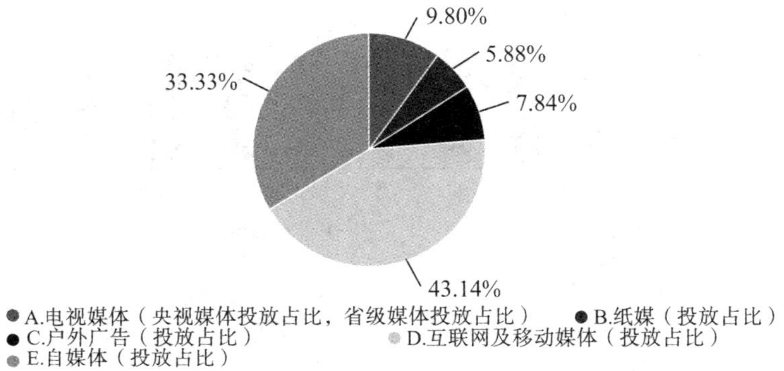

图 4-7　品牌宣传渠道

在企业年度品牌建设投入资金方面，企业对于品牌建设投入差距较大：70.59％的企业年度投入在 10 万元以下，21.57％的企业年度投入为 10 万元至 50 万元，5.88％的企业年度投入为 50 万元至 100 万元，仅有 1.96％的企业年度投入在 100 万元以上（见图 4-8），这些企业高度重视品牌建设，投入了大量资金，以提升品牌的竞争力和市场份额。

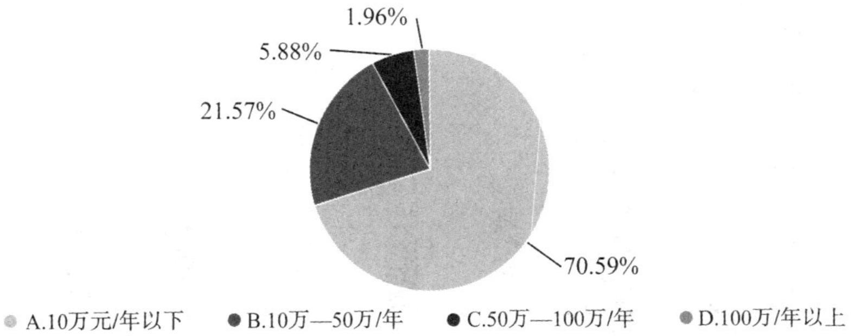

图 4-8　品牌建设投入资金情况

企业品牌建设服务需求的数据结果（见图 4-9）呈现出较为相似的分布情况，大多数企业在品牌建设方面最需要的是有关品牌战略规划、品牌定位、品牌传播等方面的策划服务，以帮助企业提升品牌价值。品牌人才培养服务的需求占比最少，为 27.45％，意味着这些企业更倾向于外部专业机构的品牌建设服务，而不是通过培养内部人才来进行品牌建设。

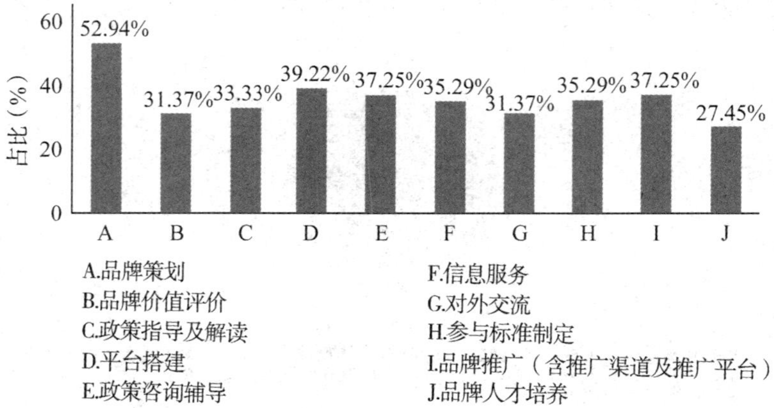

图 4-9　企业对品牌建设的服务需求

企业品牌建设的影响因素数据分析显示（见图 4-10），缺乏品牌建设专业人才是影响企业品牌建设的关键因素，占比 31.37%，表明企业对于品牌建设专业人才的需求十分迫切。另外，品牌建设资金不足也是影响企业品牌建设的重要因素，占比为 19.61%。只有 1.96%的企业领导层重视程度不够，说明大多数企业认为品牌建设对于企业发展至关重要，愿意在这方面付出努力。

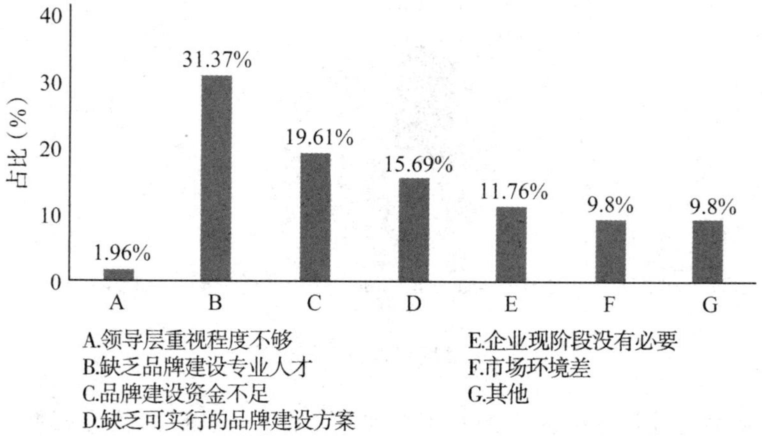

图 4-10　企业品牌建设的影响因素

在企业品牌表现因素方面，最受关注的是品牌知名度，占比达到

80.39%;其次是产品销售能力、品牌覆盖范围和品牌社会影响力,占比分别为60.78%、50.98%和50.98%(见图4-11)。

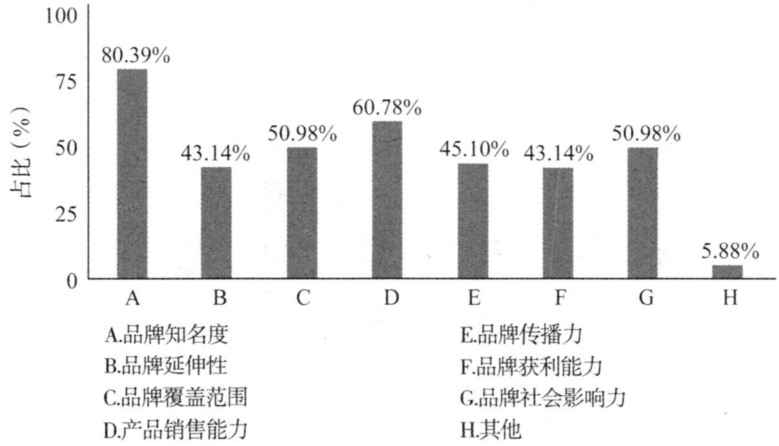

图4-11 品牌表现因素

在品牌创新方式中,被认为最有效的是产品创新,占比为76.47%;技术创新紧随其后,占比为66.67%。品牌文化传承和服务方式创新的认可度较低,分别为27.45%和31.37%(见图4-12)。

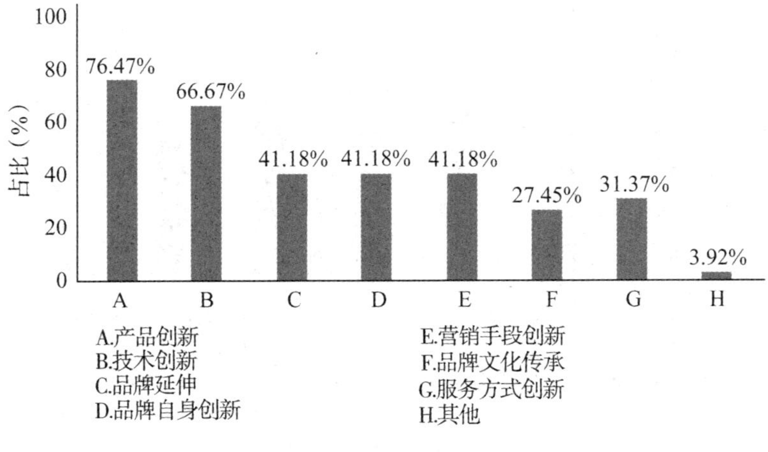

图4-12 品牌创新方式

在品牌建设投入渠道方面,企业用于研发投入、技术创新和销售服务的投入位居前三，这三项的比例分别为78.43%、60.78%和46.15%。相比之下，生产设备、广告宣传和文化传播的投入比例较低，分别为34.62%、26.92%和28.85%（见图4-13）。

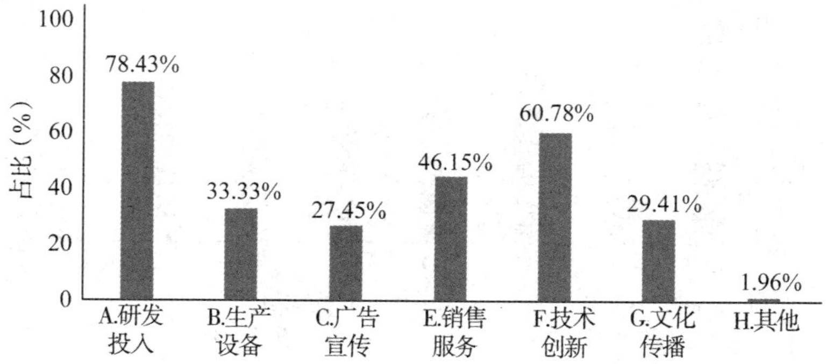

图4-13　品牌建设投入渠道

在企业提升品牌建设的路径方面，72.55%的企业自上而下增强品牌建设意识，其他路径如培养品牌建设专业人员、对品牌建设进行精准定位、制订切实可行的品牌建设方案、加大品牌影响力及传播力等路径占比分布在41.18%—56.86%，比较均衡（见图4-14）。

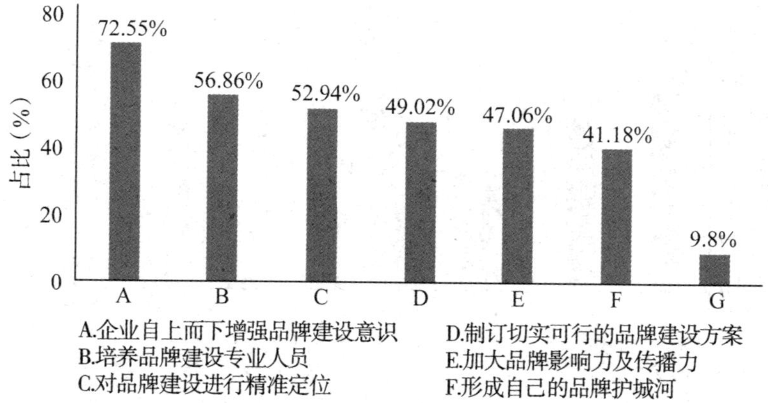

图4-14　品牌建设路径

综上所述，通过分析调研数据，发现大部分“专精特新”中小企业对品牌建设的重视程度较高，制定了品牌发展规划，有较高的品牌建设及服务需求，为全面推进中小企业在“专精特新”领域品牌建设提供了有利条件。同时，调研发现中小企业在“专精特新”领域品牌建设中存在资金投入不足、品牌发展规划不完善、对品牌建设服务需求较大等问题，这些因素制约了企业在品牌保护和发展方面的进展，需要引起重视。再者，部分行业如农业、建材、建筑等传统基础行业在品牌建设方面的关注度较低，企业自身对这些行业的品牌建设需求可能被忽视，存在一定的品牌建设盲区。

四、建议与措施

依据调研结果，提出以下建议与措施：

1.对企业品牌建设实施差异化支持

首先，政府部门可提供专项资金和政策扶持，加大对中小企业在“专精特新”领域品牌建设中的资金支持力度；其次，针对农业、建材、建筑等行业的发展盲区问题，建议加大对这些行业的政策支持力度，鼓励企业在品牌建设方面进行创新和探索；最后，建议利用现有机构或平台，提供专业指导和培训，帮助“专精特新”中小企业制定更合理的品牌发展规划。

2.营造良好的品牌发展氛围

一要着力解决中小企业在生产经营中面临的实际困难，在降低制度性交易成本上加大力度，支持企业技术改造和设备更新，优先支持“专精特新”中小企业参与重点产品和重点工艺的研发计划；二要实施专利产业化促进中小企业成长计划，为符合条件的“专精特新”中小企业提供快速预审、确权等知识产权方面的服务；三要省、市、县三级联动，出台扶持品牌经济发展的具体措施，加快推动“专精特新”中小企业和“小巨人”企业高质量发展；四要引导和鼓励平台企业用流量帮助平台内“专精特新”商户提升品牌知名度，扩大市场交易量。

3.鼓励企业提升自身品牌文化内驱力

“专精特新”中小企业在制定品牌发展规划时，应借鉴成功案例，加强对规划科学性和可行性的把控，确保规划与企业的战略目标和市场需求相匹配。充分利用政府资金和政策扶持，增加对品牌建设的投入，加强与品牌建设相关行业协会等服务机构合作，共同探索品牌建设的创新路径，提升品牌的知名度和影响力，增强消费者对企业产品的忠诚度和黏着性。

4.探索区域公用品牌的运营模式

以我省区域性工业园区或特色小镇的公用品牌为基础，借鉴成功案例，建立政府主导、部门协作、企业参与的协同运营机制。设立品牌培育基金，鼓励区域内行业协会、商会等组织参与品牌的运营管理，同时区域公用品牌还可以尝试股份制、特许经营等多元化的运营方式，提高品牌的影响力和市场竞争力。

5.促进品牌推广的数字化转型升级

做好中长期规划，遴选一批数字化转型试点城市和“专精特新”中小企业，下达专项资金，全面支持全省中小企业数字化转型。深耕资源优势，借助我省承建的全国首个为中小企业提供服务的功能类数字化转型中心的平台优势，主动适应市场变化，创新商业模式，为后续的业务拓展和产业升级奠定坚实基础。

6.建立品牌质量长效监测管理机制

在省、市两级建立区域性品牌绩效考核指标体系，覆盖品牌知名度、美誉度、客户满意度等关键指标，并定期开展品牌价值评估，全面推动品牌建设进展。建立品牌舆情监测机制，及时掌握市场动态和舆论导向，对负面信息采取有效应对措施。

7.持续开展商标品牌培育和价值评价体系研究

完善品牌培育发展机制，推进商标品牌指导站高质量建设和规范化运行，建立客观、科学、高效的国际通行的“专精特新”中小企业品牌评价体系和品牌发展指数，深入实施“千企百城”商标品牌价值提升行动，有效促进“专精特新”中小企业品牌价值提升，助力形成商标品牌带动、企业壮大、区域发展、产业升级的品牌经济模式。

“专精特新”中小企业是中小企业的领头羊，是产业链、供应链的关键节点，期待“专精特新”中小企业“铺天盖地”立起来，“顶天立地”站得稳，“专精特新”中小企业品牌建设“借势而起”，助力我国经济整体性持续向好。

知识产权强国战略视角下山东省商标品牌指导站建设与经济发展研究

2021 年，中共中央、国务院相继印发《知识产权强国建设纲要（2021—2035 年）》《“十四五”国家知识产权保护和运用规划》。同年，山东省委、省政府印发《山东省知识产权强省建设纲要（2021—2035 年）》。两个层面均明确提出“实施商标品牌战略，推动设立商标品牌指导站，强化商标品牌培育帮扶指导”，正式将商标品牌指导站建设确定为国家层面知识产权重要战略工程中的一环，将知识产权与商标品牌工作推进到前所未有的高度。

一、山东省推进商标指导站建设的重要性与必要性

（一）商标品牌发展和保护与经济发展具有正向关系

知识产权对激励创新、打造品牌、规范市场秩序、扩大对外开放、助推经济高质量发展发挥着重要作用。商标是重要的知识产权类别，也是品牌的主要表现形式，是对品牌进行法律保护的重要载体。加强商标品牌和指导站建设，培育一批有核心竞争力的企业、有市场影响力的商标品牌，能切实提高供给质量，有效支撑知识产权强国、强省建设，加快供给侧结构性改革和经济高质量发展的进程。国内多数研究发现，商标作为知识产权的重要内容，与经济发展具有正向关系，具有显著的正向促进作用。如贺寿天提出

商标具有识别标志、品质象征、品牌宣传、价值承载、生产要素、竞争工具六种经济功能，其经济作用与商品交换关系的发展水平成正比，能够保护、促进生产和消费，实施商标战略有利于推动品牌经济发展，提高我国经济市场化水平和国际竞争力。[①] 尹伯懿认为知识产权策略对经济发展的促进作用明显，商标制度越完善，越有利于国家经济发展。他采用计量经济学中线性回归分析法对商标制度促进城市经济增长的贡献率进行实证分析后指出，北京市商标申请量和商标案件总数与背景 $PGDP_{78}$之间存在明显线性正向相关关系。[②] 张国炎通过剖析商标市场发展概况对上海经济的影响，指出商标市场的快速发展对一个城市经济具有较大影响。[③] 冯晓青指出商标品牌具有法律价值、市场与竞争价值和无形资产价值，推进商标品牌战略能够实现经济发展方式转变及产业转型升级，使知识产权制度服务于国家社会经济发展。[④] 车梦哲研究区域商标品牌发展对经济增长的影响时发现，我国区域商标品牌发展综合水平对区域经济发展有显著的正向促进作用。[⑤] 实施商标品牌战略，是建设知识产权强国、强省的重要举措，更是推动经济高质量发展的强大动能。

（二）山东省商标品牌发展现状

山东省是农业大省、工业大省，更是品牌大省。截至 2022 年，全省有效商标注册量 240.4 万件，驰名商标 805 件，地理标志商标 877 件，地理标志保护产品 82 个，中欧地理标志协定互认清单产品 17 个，马德里国际商标申请量约 1.09 万件。同年，首批 223 家“好品山东”品牌公布，品牌价值高达 4.5 亿元，其中 20 个“好品山东”品牌连续三年入选中国 500 最具价值品牌榜单，12 家企业入选 2022 年财富中国 500 强，18 家企业入选山东民营企业 100

---

① 参见贺寿天：《试论商标战略在经济发展中的作用》，《知识产权》2010 年第 4 期。

② 参见尹伯懿：《商标制度对城市经济发展的作用机理及实证研究——以北京工商商标监管为例》，《知识产权》2008 年第 4 期。

③ 参见张国炎：《商标保护对上海未来经济发展的影响》，《上海经济研究》2012 年第 12 期。

④ 参见冯晓青：《商标品牌价值、商标品牌战略与经济高质量发展》，《中华商标》2021 年第 9 期。

⑤ 参见车梦哲：《中国区域商标品牌发展对经济增长的影响研究》，江苏大学，硕士学位论文，2020 年。

强。同时，山东省不仅拥有宏济堂、东阿阿胶等传统商标品牌、老字号，而且润百颜、半亩花田、原始元素等越来越多的新商标品牌也在加速成长。海信、鲁花、九阳、潍柴、万华等众多山东企业正成为国内、国际行业标准的制定者和行业领军企业。

一系列商标品牌发展和品牌价值数据表明：品牌强，则企业强；品牌兴，则城市兴。一方面，山东经济总量大，市场主体数量多，商标申请量增长快，亟须对商标注册申请、运用、管理、保护的指导。另一方面，作为品牌大省，虽形成了强劲的商标品牌发展局面，但商标品牌分散在各部门各系统，没有形成聚合效应，呈现散、乱、小和单打独斗的局面，还不是品牌强省。因此要加强商标注册、运用、管理全链条保护，通过一个联络平台形成发展合力，为推进商标品牌战略提供强力支撑。

推进商标品牌战略，加强商标品牌建设，获得商标注册是第一步，因此，加强商标申请注册的法律法规普及、咨询指导等工作显得尤为重要。通过设立商标品牌指导站，可以解决市场主体和社会公众对于商标注册申请的困难，以及推广普及商标品牌知识。同时，指导站作为一个联络平台，可以汇聚政府和市场、线上和线下资源，提供优质商标咨询服务和及时有效的业务指导。此外，还可以推动企业打造知名品牌，丰富优质供给，优化产业结构，培育经济增长新动能，推动山东省从品牌大省向品牌强省转变。

二、山东省商标品牌指导站建设与运行情况

（一）山东省商标品牌指导站建设总体情况

截至 2022 年，山东省在重点产业、园区等市场主体建立商标品牌（知识产权）指导站 496 家，为“专精特新”中小企业提供专业化服务。据调查研究，2022 年以前山东省商标品牌指导站多是由原山东省工商行政管理局以及各地市工商行政管理局设立并管理运行的，目前还没有形成统一的管理体系和运行标准。自 2022 年以来，主要由山东省市场监督管理局济南商标审查协作中心开展指导站建设与运行，分别建设了 10 个商标品牌指导站，辐射企业超 3000 家，累计开展商标相关指导服务 20 余次，服务企业 2000 余家。

(二)山东省商标品牌指导站建设与运行以来的工作开展及作用

山东省自建设商标品牌指导站以来,遵循“需求导向、政府推动、整合资源、服务为先”原则,为市场主体提供高质量、便利化的指导和咨询服务。一是商标注册指导服务。在商标注册及后续申请等方面,免费提供参考信息和专家意见,引导企业合理使用、有效保护商标。二是商标品牌运用管理指导。引导市场主体加强商标品牌资产管理意识,强化商标使用导向;提供商标转让、许可使用、质押融资、维权纠纷等指导服务,促进企业知识产权价值转化运用。三是商标法规政策解读。开展国家及省级知识产权战略纲要、发展规划、政策文件、商标法律法规学习,为市场主体做好政策解读。四是商标知识专题培训。有针对性地开展商标品牌培训与宣讲,切实提升商标培育注册、保护运用能力水平。

山东商标品牌指导站开展的指导工作,对市场主体发展具有重要现实意义,将有效提升企业商标品牌市场价值和社会效益。一是有助于引导企业提升商标品牌建设能力。指导站在商标注册、运用、管理和保护等方面提供便利化、专业化的指导和服务,助力企业提升品牌价值。二是有助于企业打造国际知名品牌。指导站可引导外向型企业运用马德里商标国际注册体系来提高海外品牌保护能力和国际市场竞争力,增强企业品牌海外保护的意识,做好商标海外布局。三是有助于解决市场主体急难愁盼的问题。设立商标品牌指导站可以及时有效地了解当地市场主体的需求和困难,面对面地帮助市场主体和社会公众解决商标品牌建设需求和实际难题,打通知识产权服务“最后一公里”。

随着商标品牌指导站覆盖面的扩大,我们将进一步发挥职能优势,深入行业协会、产业园区,面对面“把脉问诊”,点对点“开方抓药”,让商标注册便利化改革成果惠及更多企业,提高社会公众的商标保护意识,助力地方经济高质量发展。

三、对标先进，分析山东省商标品牌指导站建设运行现存问题

（一）借鉴他地经验，分析广东省、上海市商标品牌指导站的发展思路

1.广州市商标品牌指导站的建设与发展思路

2019年9月，广州首个行业协会商标品牌指导站成立。2022年，按照高起点、高标准、高质量的建设要求，广东省商标品牌指导示范站建成，依托广州商标审查协作中心商标注册便利化改革先行试点的优势地位，深入推进商标品牌战略实施。目前，广州出台了《商标品牌指导站服务规范》和工作规程，通过推进知识产权公共服务标准化建设，协同打造便捷、高效、优质、专业的知识产权公共服务平台，形成"一站式"品牌指导服务清单，为市场需求主体培育优质商标提供更精准的专业指导。

2.上海市商标品牌指导站的建设与发展思路

上海的商标品牌指导服务工作起步于2018年，经历了点上聚集示范→面上稳步推广→标准全面提升的三部曲。目前，上海已形成商标品牌指导站进园区、入商圈、驻协会等多种适合园区和企业需求的建设模式。截至2022年11月底，上海共建设82个商标品牌指导站、10个商标品牌创新创业基地，已形成市知识产权局在各区选点指导建设具有全区示范引领效应的商标品牌创新创业基地，各区负责辖区内商标品牌指导站建设验收管理的上下联动、点面结合的商标品牌指导服务良性发展格局。

（二）立足他地建设经验，结合山东省实际，分析现存问题

1.商标品牌指导站缺乏长期规划和整体谋划

目前，山东省商标品牌指导站数量不少，但呈现分散式发展，甚至有些指导站已名存实亡。各地市各自建站、运行，还未形成统筹管理体系，缺乏长期规划和整体谋划，未能充分发挥商标品牌建设的重要载体作用。在商标品牌指导站实际建设与运行过程中，仅停留在市场监管相关部门主导建设运行，其他各类知识产权公益事业单位、行业协会、高校院所、企业等参与

度不高，未在社会面上形成有效的工作合力，无法汇聚各方资源优势。

2.商标品牌指导站运行模式单一，指导服务不到位

随着商事制度改革，我国市场活力不断增强，市场主体持续增长。但市场主体商标品牌意识较弱，创建能力有限，因此市场主体急需商标品牌指导培训。目前，各商标品牌指导站指导服务手段单一，在政府和企业中影响力不高，针对特色行业、重点行业、产业集聚区开展指导服务力度不够、针对性不强。商标品牌指导站对所掌握的商标数据仅是简单汇总，缺乏深入分析，政府部门无法从中获取有效信息。商标指导服务功能有限，部分指导站的指导服务仅停留在商标注册申请阶段，未真正打通注册、运用、管理、保护全链条宣传辅导。

3.商标品牌指导站宣传力度有待进一步增强

商标宣传不仅要宣传商标品牌法律法规，还要引导企业提高注册商标品牌的知名度，增强全社会的商标品牌意识。目前，山东省商标品牌指导站对商标知识的宣传教育不够重视，缺乏长效工作机制，仅局限在“4·26 世界知识产权日”等重要时间节点开展宣讲培训、发放宣传手册等。宣传教育形式不够创新，未能有效链接线上线下专业资源，未能有效利用新型媒介，比如自媒体、短视频、公众号等有效的、人民群众喜闻乐见的平台方式，无法充分调动企业参与商标品牌发展的热情和积极性，对提高社会普遍的商标品牌保护意识收效甚微。

4.商标品牌指导站人才队伍建设有待进一步提升

要做好商标品牌指导工作，首先要提高商标品牌管理人员的基本能力和素养。但目前，由于人手短缺、日常工作烦琐，很少有专门的商标品牌管理人员，商标品牌指导站工作人员多数为兼职，且工作人员缺乏相关教育背景和专业知识储备，对商标等知识产权知识掌握不够，品牌建设实践能力不足，加之缺乏专业培训机会等，导致其在对企业进行指导的过程中缺乏理论深度和专业水准，指导意见难以令企业信服，实际可操作性也不强，不能充分发挥商标品牌指导站的专业指导功能。

5.站点合作模式需要进一步探索完善

指导站建设主要与重点企业、产业园区、行业协会等合作共建，是为市场主体和社会公众提供便捷、高效、优质知识产权公共服务的公益性工作平台。但政府部门、相关事业单位与各个指导站的合作模式与关系正在初步探索阶段，如何立足自身职责更好发挥业务指导作用，如何指导共建单位开展好商标注册、运用、管理、保护管理工作，是下一步要探索完善的内容。

四、山东省商标品牌指导站发展路径规划与完善思路

借鉴广州、上海等市商标品牌指导站建设经验，按照由点到线、由线及面、系统发力、全面提升的建设思路，立足山东实际，加强制度供给，强化路径规划，全面提升指导站建设质量和水平，有力服务地方经济高质量发展，加快推进知识产权、品牌强国建设。

（一）加强统筹协调，做好整体谋划

统筹全省496家商标品牌指导站工作模式，总结梳理创新性做法，抓好培养选树，以典型引领形成可复制可推广的建设经验。坚持对已有指导站的改进提升和新指导站的规范建设“双抓双促”，以高要求、高标准、高质量全面提升山东商标品牌指导站服务能级，更好促进服务企业商标品牌建设。

（二）优化制度供给，完善工作机制

立足现有商标品牌指导站工作规程，探索制定商标品牌指导建设与服务规范，进一步明确建站原则、设立条件、申报程序、主要职责，全面谋划推动商标品牌指导站向标准化、规范化发展。健全完善指导站日常指导机制、重点联系机制、专家咨询机制和工作评价机制。

（三）强化人才培养，建立专家智库

建立商标品牌指导站专家库平台，遴选商标品牌管理专门人才开展商标品牌建设与运行工作。同时加强与地方知识产权部门协同、政策协同、产业协同，突出工作重点，加大政策扶持，创新工作思路，采取有效举措，形成工作合力，推进商标品牌指导站建设落实落地。

（四）强化品牌培育，加强业务指导

服务新旧动能转换、黄河流域生态保护和高质量发展国家战略，立足山东经济总量大、市场主体数量多、商标品牌需求旺盛实际，聚焦“专精特新”“小巨人”企业和农业、制造业、服务业产业，制定商标品牌培育发展规划，配套建立健全商标品牌管理制度，全面发挥商标品牌指导站作用，强化对市场主体商标品牌注册、运用、管理、保护与推广的指导和服务。依托国家重点展会、知识产权年会以及“4·26 世界知识产权日”“中国品牌日”“中国国际商标品牌节”等重要时间节点，加强品牌宣传、推广与交流合作，宣传展示商标品牌运用促进成效，提升企业商标品牌知名度和美誉度。

知识产权强国战略下的商标质押融资

随着知识经济与金融科技的发展，商标质押融资已经成为企业将无形资产转化为有形资产的重要方式。《民法典》第四百四十四条规定："以注册商标专用权、专利权、著作权等知识产权中的财产权出质的，质权自办理出质登记时设立。"简而言之，商标质押融资就是企业将注册商标专用权作为质押物为其融资借贷提供担保，当企业不履行债务时，债权人可将注册商标专用权折价、拍卖或变卖，并对所得价款享有优先受偿权。不难看出，商标质押融资在丰富企业融资渠道、促进各类生产要素高效顺畅流动、营造优质的知识产权发展环境、贯彻落实知识产权强国战略等方面发挥着不可或缺的作用。

一、商标质押融资在知识产权强国战略中的作用

（一）健全商标价值充分实现的运行机制

各类知识产权价值充分实现是建设知识产权强国的必然要求。其中，商标质押融资是充分实现商标价值的重要途径。随着企业商誉的不断积累，商标的知名度与商业价值也会逐渐增长。但是，当企业面临资金融通问题时，无形资产无法迅速变现的局限性就会凸显出来。因此，对于诸多企业而言，商标往往可以"锦上添花"，却无法"雪中送炭"。商标质押融资的出现

成功解决了这一难题。通过商标质押融资，贯通了无形资产与有形资产之间的转化，补足了无形资产缺乏迅速变现能力的短板，使商标价值在经济活动中得到全方位展现。

（二）构建营商条件持续优化的市场环境

贯彻落实知识产权强国战略的重要目标之一就是营造优质的营商环境。“一个地区创新能力强不强，知识产权是重要因素；营商环境好不好，知识产权是关键指标。”[①]商标质押融资作为知识产权运用体系的组成部分，是持续优化营商环境的重要推手。对于中小微企业与科技型企业而言，在创业初期和成长期往往不具备可供质押的大额有形资产，资金供给不足，扩大再生产的需求难以满足，严重遏制了企业的发展与创新。我国2022年全年专利商标质押融资金额首次突破4000亿元，连续三年保持40%以上的增速，惠及企业2.6万家，其中70.5%为中小微企业。商标专用权质押为众多企业提供了新的质押物与融资方式，帮助其摆脱了缺担保、少融资的困境，拓宽了融资渠道，进一步增强了企业的市场竞争力，推动金融支持实体力度持续加大，为企业发展构建起更加优质有利的营商环境。

（三）培育知识产权创新发展的社会氛围

尊重、保护、重视知识产权的社会氛围是建设知识产权强国的基础，贯彻落实知识产权强国战略需要全社会共同参与。只有全体社会成员深刻认识知识产权的重要性，发自内心地保护、尊重知识产权，才能为知识产权的创新发展奠定坚实的群众基础，培育良好的社会氛围。在传统观念中，商标仅是用以区分商品与服务来源的标志，是源自人们观念的产物，其价值通常难以衡量。而商标质押融资的出现不仅充分挖掘了商标的潜在价值，而且打破了消费者与企业对商标的固化认知，搭建起观念与现实之间的桥梁。即在分析企业商标现状、测算企业产品市场占有率、开展充分市场调研的前提下，运用重置成本法、市场比较法和收益现值法等多种价值评估方法系统

① 谷业凯：《加强政策支持保护知识产权》，《人民日报》2023年4月25日。

全面量化商标价值,既使消费者更加现实直观地感受到商标的价值,又给其他企业以良好的示范作用,从而促进全社会商标价值意识的提升。

二、知识产权强国战略下商标质押融资的困境

(一)商标质押融资的法律法规单薄

商标质押权属知识产权中的财产质押权,不同于动产质押权以转移标的物的占有为成立条件,商标质押权的设立不依赖于标的物的转移占有,而是依据《民法典》的规定自办理出质登记时设立。质押物的特殊性决定了商标质押权的设立、实现与消灭都必须严格以法律为依据。目前,我国关于商标质押融资的法律法规仍较为单薄,虽然通过《民法典》《商标法实施条例》等法律法规为商标质押融资提供了根本的法治保障,通过《注册商标专用权质押登记程序规定》为商标质押融资提供了程序保障,但这仅是基于广义层面的规定。对于诸如商标价值评估、出质人与质押权人利益保障、商标质押权实现等相关的细化规定与配套体制,仍存在立法空白。此外,一些地方政府为支持中小企业发展,助推知识产权事业进步,结合实际情况有针对性地制定了地方规章与办法,这必然导致对于商标质押融资的规定"因地而异",在一定程度上制约了商标质押融资在全国范围内的开展。

(二)商标价值评估的行业规范缺失

商标价值评估是商标质押融资的关键环节,直接决定了企业所能获得的融资数额。与专利等可以直接转化为生产力的知识产权相比,商标价值具有较大的不确定性与波动性。企业的市场运营情况、品牌知名度、消费者口碑以及各类偶发事件都会对商标的价值产生重大影响,这无疑增加了商标价值评估的难度。加之商标涉及市场活动的各个领域,因此,商标价值评估工作通常需要具备法律、金融、经济等多领域专业知识的复合型人员来完成,而我国知识产权评估行业尚处于初步发展阶段,从业人员数量较少,准入门槛较低,评估实践的随意性较大,规范性不足。尽管中国资产评估协会2017年发布的《商标资产评估指导意见》对商标这一具体资产种类制定了评

估准则，明确了评估方法与程序性事项，但并未涉及评估方法具体适用情形、评估人员准入资质等问题。且其作为指导意见缺乏法律强制力，对于评估实践的作用还有待进一步强化。

（三）商标质押权的处置与变现困难

质押权设立的目的之一就是确保债权的实现，保护债权人的利益，故商标质押权实现的难易程度成为影响商标质押融资能否顺利开展的另一重要因素。但是，商标特殊的权利属性与交易模式使得商标质押权的实现较为困难。首先，“商标权的附随性决定了其较低的市场流通性，大多数商标权除了商标权出质人外，对于其他企业都不一定适用。具体来说，某一特定商标只在同一行业、同一产品、同一服务领域内才具有经济价值”[①]。这在很大程度上减少了商标权变现的市场受众。其次，当出质人与质押权人未协议约定质押权的实现方式时，质押权人只能申请法院对商标权进行拍卖受偿，这样不仅面临着高流拍率的风险，而且使质押权的实现程序变得更为繁杂。实际上，商标质押权人承担着更多的风险，处于相对弱势的地位，对商标质押融资往往望而却步。综上所述，质押权变现困难确已成为阻碍商标质押融资广泛开展的又一瓶颈。

三、知识产权强国战略下促进商标质押融资的路径

（一）完善商标质押政策法规，提升制度统一性

法治保障是促进知识产权创新发展的基础与首要保障，促进商标质押融资发展，同样需要发挥法治的作用。首先，要进一步细化完善与商标质押融资相关的法律规范。尽管现行诸多法律法规明确规定了商标质押融资的法律依据，但是与商标权的附随性、商标价值的可塑性与扩张性并不能完美契合。因此，应从法律制度的层面完善商标质押合同条款与登记规定，细化对商标质押的效力认定，明晰当事人的义务规范与权利保障，丰富商标质押

① 陈南：《论质权人在商标质押中的优越地位》，浙江大学硕士学位论文，2012年。

权的实现方式，探索建立商标价值评估信息公开制度，重视发挥既往案例的指导作用，实现商标质押全流程有法可依，有章可循。其次，要做好法律法规之间的衔接，增强制度的适用性与统一性。特别是要协调解决各地商标质押法规的差异性，消除地方壁垒，确保并促进商标质押融资在全国范围内的开展。

（二）规范商标评估行业准则，提升操作专业性

“良好的知识产权评估机制是带动知识产权转化与运用的关键环节。只有不断完善知识产权评估机制，促进知识产权的公平交易，才能推动知识产权转化为现实生产力和市场竞争力。”[①]规范商标价值评估行业准则，提升评估操作的专业性与评估结果的权威性，是促进商标质押融资发展的重要保障。首先，要强化对评估机构的规范化管理与监督。商标价值评估难度较大，必须通过规范化管理来减少因人为操作不当而引起的估值误差。在推动评估机构加强自律的同时，注重发挥行业协会与政府部门的外部监管作用。其次，要健全评估人员的准入、培训与考核制度。明确评估人员行业准入标准，通过培训与考核提升评估人员业务能力与水平，强化责任意识，打造一支高素质的评估人才队伍。最后，要优化评估方法的选择与适用。通过案例分析与数据统计细化各类评估方法的适用情况，在一定程度上限制选择评估方法时的过大的自由裁量权。

（三）健全商标质押信息平台，提升交易便捷性

“知识产权流通风险来源于潜在受让主体的限定性以及交易市场的不发达，尽可能培育完善的交易平台是解决该风险的关键。”[②]商标交易流通亦是如此，只有建立完善的商标交易平台，使质押商标的处置与变现更加便捷，才能从根本上保障质押权人的利益，消除其对于商标质押的后顾之忧。第一，推动商标交易市场机制建设。一套完整的市场交易机制是提升交易

---

① 孙迪：《完善知识产权评估机制促进创新成果转移转化》，《中国知识产权报》2014 年 12 月 5 日。

② 范晓宇：《知识产权担保融资风险控制研究》，《浙江学刊》2010 年第 3 期。

便捷性的必备条件。要充分发挥政府的引导作用与交易主体的能动性，根据商标交易的特点有针对性地制定政策规则，推进商标的市场化运作。第二，打造商标质押信息与交易平台。相关政府部门可根据质押登记信息建立商标质押信息库，增加市场透明度，实现高效的信息交互传递，为潜在的交易主体提供一站式的信息化服务。并在信息共享的基础上构建交易平台，创新交易方式，简化交易流程，提高交易效率，为商标交易创造更加便捷的渠道。

企业知识产权保护与管理面临的问题及建议

随着科技进步和全球化竞争的加剧，企业的知识产权(IP)日益成为创新和竞争力的重要组成部分。保护知识产权不仅关乎企业的生存和发展，更关系到国家经济的长远发展。然而，当前全球范围内，知识产权侵权等问题日益严峻，企业在保护自身创新成果和核心竞争力方面仍亟待加强管理。为了确保企业的持续创新和竞争优势，加强企业知识产权保护显得尤为迫切。

一、企业知识产权保护的意义

知识产权包括专利、商标、著作权、商业秘密等多个方面，对企业而言，保护这些知识产权具有深远的意义。第一，知识产权保护有助于维护企业的创新成果。企业在研发、设计和创造过程中投入大量资源，这些创新成果成为其核心竞争力的源泉。只有获得专利或著作权等知识产权保护，企业才能确保其创新成果不被他人恶意复制或盗用，从而保障企业的技术领先地位和市场份额。第二，知识产权保护有助于构建企业的品牌价值。商标作为企业的标识，代表其产品或服务的质量和信誉。保护商标，企业能够建立和维护其独特的品牌形象，赢得消费者的信任和忠诚度，从而在市场中获得竞争优势。第三,知识产权保护对于吸引投资和合作伙伴具有重要作用。投资者和合作伙伴往往关注企业是否有稳固的知识产权基础,因为这意味着企业是否具备可持续的创造力和竞争力。有效的知识产权保护能够增加企业的吸引力,吸引更多的投资和合作伙伴,推动企业的发展和壮大。第四,知识产权保护有助于维护市场秩序和公平竞争。知识产权侵权行为会损害企业的正当权益,破坏市场秩序,造成不公平竞争。保护知识产权有助于维护市场的公平竞争环境,促使企业遵循法律规定,提高行业的整体竞争水平。第五,知识产权保护对于促进创新和文化发展有着积极的影响。著作权的保护让著作权人能够保护其创作成果,鼓励他们持续创新和创作。这不仅为社会创造丰富的文化产品,也为创作者提供合理的回报,激励更多人参与创新和创作活动。

二、企业知识产权保护面临的问题

(一)企业知识产权保护制度不够健全

在现实商业环境中,许多企业的知识产权保护制度存在不足。第一,一些企业缺少全面的知识产权保护策略,知识产权保护工作呈现零散、不系统的状态。随着科技和商业的快速发展,企业创新成果的价值逐渐凸显,但是缺乏整体性的保护策略,使得企业难以有效应对不断变化的风险。第二,企业内部在知识产权保护方面的意识不足,相关政策和规定在组织内部的传达和执行存在问题,导致知识产权保护不受重视。在一些企业中,知识产权保护往往仅限于专业人员的范畴,普通员工对知识产权的重要性缺乏清晰认知。此外,由于传达和执行机制的不完善,相关政策的效果难以得到有效保障。第三,部分企业没有完善的流程和程序来处理知识产权问题,缺少有效的监测和维权机制,从而无法及时应对知识产权的风险和侵害。知识产权的保护不仅仅是一项静态的工作,更需要动态的监测和及时的应对机制。然而,一些企业并没有建立起科学的监测体系,无法预判风险,导致知识产权问题爆发后才采取应对措施,难以"亡羊补牢"。

（二）侵权问题

侵犯知识产权的问题在商业领域屡见不鲜，对企业造成严重的经济损失和声誉风险。第一，侵权行为来自竞争对手，例如未经授权使用商标、专利或著作权等，这不仅侵害了企业的知识产权，还直接损害了企业的市场份额和品牌形象。随着市场竞争的加剧，某些竞争者试图通过不正当手段获取他人的知识产权，进而获得不当竞争优势。第二，由于互联网的发展，知识产权的在线侵犯问题日益突出，包括盗版、网络假冒等。这对创作者和企业的利益构成了直接威胁。在数字化时代，知识产权的保护变得更加复杂，网络空间的虚拟性和跨境性使得侵权行为在全球范围内迅速传播，导致了创意产业和创新型企业产生重大问题。第三，供应链中的合作伙伴也涉及知识产权侵权问题。在供应链合作中，某些合作伙伴未经授权使用特定的技术或设计，导致企业的创新成果被侵犯，进而使得企业的核心产品或服务的竞争力受到损害。这种情况在特定行业如制造业中尤为常见。第四，跨国经营的企业还面临不同国家之间的知识产权保护差异和法律纠纷问题，会增加维权的难度和成本。

（三）知识产权认知不足

第一，一些企业对于知识产权的基本概念掌握不足，从而导致在实际运营中难以辨别和保护自身的知识产权。第二，企业内部存在对知识产权法律法规掌握程度不够的情况，使得企业在面对知识产权侵权时难以做出准确的判断并难以采取及时有效的应对措施。第三，对于知识产权价值的认知不足也是一个突出问题，从而导致在知识产权保护上的投入不足。

（四）技术窃取

第一，企业受到内部员工技术窃取行为的威胁，包括盗用商业机密、复制技术文件等。第二，外部恶意竞争对手通过各种手段进行技术窃取，包括间谍活动、网络攻击等，这对企业的技术创新和商业机密构成潜在威胁。第三，全球化的商业环境也使得知识产权在不同国家之间存在窃取问题，企业在国际市场上的技术面临泄露风险。

（五）保密难题

第一，企业内部的信息共享和沟通导致商业机密的泄露。第二，随着外部合作伙伴的增多，企业需要与供应商、合作伙伴等共享技术和信息。如何避免信息流失也是一大难题。第三，企业的数据存储和传输变得更加复杂，如何保障数字化信息的安全性和保密性也成为一个问题。

三、企业知识产权保护建议

（一）完善企业知识产权保护制度

第一，企业应建立健全内部管理体系，明确知识产权保护的责任分工和流程。设立专门的知识产权保护部门或委员会，负责制定、执行和监督知识产权保护策略，确保制度的落地执行。第二，在劳动合同中明确员工对知识产权的保密义务。第三，企业应制定严格的信息安全措施，保障知识产权在数字化环境中的安全性。采用数据加密、网络安全防护等技术手段，防止恶意入侵和信息泄露，确保知识产权的保密性和完整性。同时，制定规范的数据共享和传输政策，确保只有授权人员访问和使用相关知识产权信息。第四，加强对合作伙伴的知识产权管理。与供应商、合作伙伴等签订明确的合作协议，明确知识产权的归属和保护义务。

（二）防止知识产权侵权行为

防止知识产权侵权是保护企业创新成果和竞争力的关键举措。第一，企业应建立起完善的知识产权侵权监测体系，持续监控市场、竞争对手、互联网等渠道，及时发现侵权行为，确保知识产权的安全。第二，收集充分的证据，确保能够证明自身拥有的知识产权及其被侵权的事实。第三，采取多种手段，如发出警告信、提起诉讼、申请行政处罚等，以维护自身的知识产权权益。此外，也考虑采取非诉讼解决方式，如调解、仲裁等，以减少时间和成本开支。第四，与供应商、合作伙伴等在合作协议中明确知识产权的归属和保护义务，建立良好的沟通机制，及时沟通并解决侵权问题，维护合作关系的同时保护自身权益。

(三)提升知识产权认知

第一,开展全员培训,向员工普及知识产权的基本概念、种类和重要性等知识,让每位员工都明白知识产权的价值以及侵权带来的风险和损失,使其能够在工作中识别和保护自身及企业的知识产权。第二,通过企业内部刊物、员工培训会议、工作坊等,分享知识产权保护的案例和经验。制定知识产权手册或指南,向员工介绍知识产权的基本知识和操作指南。第三,企业应建立跨部门合作机制,定期召开知识产权相关会议或讨论。此举不仅有助于提升认知,还能够激发创新意识,推动企业整体创新能力的提升。

(四)做好知识产权技术保护

第一,企业应建立健全技术保护制度,包括明确技术核心和关键环节,制定保密措施,控制访问权限,确保只有授权人员接触敏感技术信息。第二,签订合同和保密协议,明确员工、合作伙伴、供应商等在涉及技术交流和合作时的保密义务,防止技术泄露。第三,企业应建立严格的技术文档管理制度,确保技术资料的存储、传递和使用都在受控的环境下进行。采用数字化管理系统,限制不同权限的人员访问敏感技术数据,防止信息外泄。此外,加强员工的技术保密培训,提高员工的安全意识和责任感,确保他们在处理技术信息时遵循保密规定。第四,企业应加强技术实验室、生产车间等重要场所的物理安全,设置视频监控、门禁系统等设施,防止非授权人员进入。在网络层面,采用安全加密技术,防止黑客入侵,保护技术数据的传输和存储安全。第五,企业应密切关注技术市场动态,及时发现侵权行为。建立监测机制,定期对竞争对手的技术进展进行跟踪。一旦发现侵权行为,及时采取法律手段维护自己的权益,防止技术被非法使用或复制。

四、结语

在当今激烈的商业竞争环境中,企业知识产权的保护不仅仅是法律义务,更是一项关系到企业生存和发展的战略任务。从知识产权保护的角度来看,企业应当建立完善的保护制度,增强员工的保密意识,加强对外合作的风险控制，采用技术手段等多层次、多角度的措施来确保知识产权的安全。通过这些努力，企业能够更好地保护自身的创新成果和核心竞争力，推动持续创新，实现长期可持续发展。同时，也有赖于国家政府、行业协会等各方的共同努力，形成全社会共识，营造良好的知识产权保护环境，让创新的活力充分释放，为经济发展注入新的动力。

参考文献

1.黄光:《加强中小企业知识产权保护的几点思考》,《中华商标》2021 年第 4 期。

2.熊卫力:《论我国高新技术企业知识产权保护》,《法制博览》2020 年第 16 期。

3.欧泽莹:《浅议我国民营企业知识产权保护的现实困境和对策分析》,《现代营销》(经营版)2020 年第 3 期。

4.王双陆:《企业知识产权保护与知识产权战略研究》,《企业改革与管理》2019 年第 9 期。

5.阚春丽:《企业知识产权保护问题探究》,《智库时代》2019 年第 6 期。

餐饮行业商标注册申请的案例分析与规范建议

我国拥有庞大的餐饮市场与数量众多的餐饮主体，商标注册和使用的需求旺盛。对于消费者而言，商标可以帮助其有效区分商品与服务的来源，起基础性的辨识作用。对于餐饮行业市场主体而言，商标可以帮助其宣传企业文化，树立品牌形象，既是企业宝贵的无形资产，也是企业打造核心竞争力的关键拼图。当前我国餐饮行业商标乱象频发，屡禁不止：仿冒或抄袭他人知名商标，侵犯商标专用权；部分市场主体频繁申请具有较强误导性的商标，扰乱正常的市场秩序。国家知识产权局发布的《餐饮行业商标注册申请与使用指引（试行）》（以下简称《指引》）对于减少餐饮业商标乱象，优化营商环境具有重要意义。

一、规范餐饮业商标注册申请的意义

（一）维护公平公正的市场秩序

2021 年，我国餐饮收入占社会消费品零售总额的 10.6%，餐饮业继续发挥促进经济增长、带动消费回升的重要驱动作用。改革开放以来，随着我国经济的发展，餐饮业已经成为促消费、稳增长、惠民生的支柱产业。规范餐饮行业的商标注册申请与使用，其出发点与落脚点均是维护公平公正的市场秩序，坚持餐饮业市场主体一律平等，保证餐饮业市场主体能够平等地享有商标注册申请权，能够在法律规定的范围内合理行使商标专用权，正确发挥商标在市场竞争中的作用，继而营造出一个稳定、公平、公正的营商环境。

（二）引导餐饮业者“注册有德、行权有界”

对于餐饮行业存在的商标乱象，《指引》发挥着强化源头治理的作用，即通过对餐饮业市场主体的商标注册申请提供规范性指导，从而在源头上减少商标乱象。具体来讲，一是引导餐饮业市场主体“注册有德”，在注册申请时尽量避免使用易导致消费者误认、缺乏显著特征或是包含实时热词等“博人眼球”的商标，自觉规范商标注册申请行为。二是引导餐饮业市场主体“行权有界”，在法律规定的范围行使商标专用权，不滥用、不扩大保护、不独占公共资源。同时，引导餐饮业者尊重他人的商标专用权，不抄袭、不仿冒，避免商标侵权纠纷的发生。

（三）保护消费者的切身利益

广大消费者是餐饮业的主要服务群体，商标在其具体的消费过程中扮演着举足轻重的角色。一方面，商标可以帮助消费者最直接有效地识别商品或服务的来源；另一方面，商标又可以对消费者的消费行为起指引作用。但是，当商标中包含着可直接表示商品或服务的产地、功能、原料、数量、技术特点等具有较强指向性的要素时，就会对消费者的消费行为产生误导，导致消费者切身利益遭受损失。通过规范餐饮业商标注册申请，从源头减少不良商家借助商标“挂羊头卖狗肉”的行为，就是对消费者切身利益的最大保护。

二、涉及误认的案例分析与规范建议

（一）标志易使公众对餐饮类商品或服务的品质、等级产生误认

商品和服务的品质、等级通常是公众在进行消费时所要考量的重要指标。《中华人民共和国星级酒店评定标准》将酒店等级分为一星级到五星级 5 个标准，以镀金五角星为符号。由此五角星、钻石图样逐步演化为等级、品质

的代表与象征，也被越来越多的市场主体应用于商标之中。对于广大消费者而言，商标中的五角星图案通常会使其误认为该种商品或服务的等级与品质。因此，在商标审查审理过程中，对于含有三至七颗五角星的商标，应以易使消费者对商品或服务的等级、品质产生误认为由予以驳回。如某自然人申请的第61549882号43类“嘉旺世纪华联超市JWHL”商标(见图4-15)。

图4-15 “嘉旺世纪华联超市JWHL”商标

该商标的下方含有三颗连续横向呈弧线排列的五角星图案。又如某公司申请的第61706248号43类图形商标(见图4-16)，该商标上方含有五颗连续横向呈弧线排列的五角星图案。上述两件商标均以易使消费者对服务的品质、等级等特点产生误认为由驳回。

图4-16 图形商标

基于所述案例，餐饮业市场主体在提交商标注册申请时应谨慎使用五角星图案。如确需使用，首先应注意五角星图案的数量，对于仅包含一颗或两颗五角星图案的商标，一般不认定其易使消费者产生误认。如某公司申请的第64395357号43类“卡乐司”商标(见图4-17)，仅含有两颗五角星图案，现已核准注册。

其次应注意五角星图案的排列方式，对于含有三至七颗五角星图案的商标，应避免连续横向呈直线或弧线的排列。

如某公司申请的第62573415号43类“图形”商标(见图4-18)。该商标中虽含有五颗五角星图案，但未连续横向排列，而是呈分散状，起装饰作用。

图4-17 “卡乐司”商标

又如某自然人申请的第61493590号43类“图形”商标(见图4-19)。该商标中四颗五角星虽位于图样上方，但未连续横向排列。上述两件商标均已核准注册。

图 4-18　图形商标

图 4-19　图形商标

(二)标志易使公众对餐饮服务的内容产生误认

餐饮业囊括众多服务项目,并在此基础上衍生出大量约定俗成的餐饮业通用名称,如"咖啡馆""牛肉拉面"等。餐饮业者往往会借助商标直观地体现所提供的服务项目,因此提交注册申请的商标中通常会包含餐饮业的通用名称,但是当其申请在餐饮行业非相关的服务项目上时,就易造成公众对服务项目的内容产生误认。如某自然人申请的第 63404263 号 43 类"白音提布民族酒吧"商标(见图 4-20),指定使用在"酒吧服务;供应葡萄酒为主的酒吧;日间托儿所(看孩子);饮水机出租"等服务项目上。该商标含餐饮业通用名称"酒吧",但其申请注册的服务项目包含"日间托儿所(看孩子);饮水机出租"等与餐饮业无关的服务项目。又如某自然人申请的第 63323259 号 43 类"杜磊麻辣烫"商标(见图 4-21),指定使用在"餐馆;餐具出租;养老院;动物寄养"等服务项目上,该商标同样包含餐饮业通用名称"麻辣烫",但其申请在"养老院;动物寄养"等与餐饮业无关的服务项目上。上述两件商标均以使用在第 4301 以外的服务项目上易使消费者产生误认部分被驳回。

白音提布民族酒吧

图 4-20　"白音提布民族酒吧"商标

图 4-21　"杜磊麻辣烫"商标

基于上述案例,餐饮业市场主体申请注册的商标如包含指向性较为明确的餐饮业通用名称,则在指定使用的服务项目上尽量选择第 4301 类似群组。如某公司申请的第 65371893 号 43 类"多友咖啡馆"商标(见图 4-22),与某自然人申请的第 65676433 号 43 类"园园臻拉面"商标(见图 4-23),仅申请使用在第 4301 类似群组上。上述两件商标均已核准注册。

多友咖啡馆

图 4-22 “多友咖啡馆”商标

园园臻拉面

图 4-23 “园园臻拉面”商标

三、涉及缺乏显著特征的案例分析与规范建议

(一)标志仅由常见姓氏或常见姓氏与餐饮业通用名称组合构成

商标的显著特征,是指商标所具有的标示企业商品或服务出处并使之区别于其他企业之商品或服务的属性,是商标的灵魂所在。《中华人民共和国商标法》第十一条第一款第三项规定,其他缺乏显著特征的商标,不得作为商标注册。即当商标无法起到帮助消费者识别商品或者服务来源的作用时,就会被认定为缺乏显著特征。对于广大餐饮业市场主体而言,设计过于复杂的商标图样往往费时费力,而以姓氏或姓氏与餐饮业通用名称的组合构成商标进行申请通常是其首选。但是,《指引》中对于仅由常见姓氏或常见姓氏与餐饮业通用名称组合构成的标志,一般认定为属于其他缺乏显著特征的情形。如某公司申请的第 65763150 号 29 类“沈氏”商标(见图 4-24),仅由“沈氏”这一常见姓氏构成。又如某自然人申请的第 65115664 号 30 类“周氏香油条”商标(见图 4-25),由“周氏”这一常见姓氏与“油条”这一餐饮业通用名称组合构成。上述两件商标均以缺乏显著特征予以驳回。

沈氏
SHENSHI

图 4-24 “沈氏”商标

周氏
香油条

图 4-25 “周氏香油条”商标

基于上述案例,餐饮业市场主体在提交商标注册申请时应尽量避免使用仅由常见姓氏或常见姓氏与餐饮业通用名称组合构成的标志。如确需使用,则应于商标中添加主要显著部分,使其具备能与其他企业的商品或服务相区分的属性。如某公司申请的第 66076479 号 30 类“闽龙蒋氏”商标(见图 4-26)。虽包含“蒋氏”这一常见姓氏,但同时添加了“闽龙”这一主要显著部分。又

如某自然人申请的第67258902号43类“深品记赖氏肠粉”商标(见图4-27),虽包含“赖氏”这一常见姓氏与“肠粉”这一餐饮业通用名称的组合,但同时添加了“深品记”这一主要显著部分。上述两件商标均已核准注册。

图4-26 “闽龙蒋氏”商标

深品记赖氏肠粉

图4-27 “深品记赖氏肠粉”商标

(二)标志仅由地名或地名与餐饮业通用名称组合构成

我国餐饮文化博大精深,源远流长,在不同历史传统、人文因素、地理环境的影响下,各地餐饮业往往各具特色,并集中体现出所在区域的风土人情。因此,大多数餐饮业者会将所在地的地名用于商标中,表明所提供商品或服务的产地来源,以凸显自身特色,提升市场竞争力。《指引》中规定:即使申请人来自该地名所指地域范围,也会将仅由地名或地名与餐饮业通用名称组合构成的标志认定为属于缺乏显著特征的情形,且属于《商标法》第十条第二款规定情形的从其规定。如某自然人申请的第67094432号29类“李条村”商标(见图4-28),申请人地址为山东省济南市莱芜区牛泉镇李条庄村,属于申请人来自该地名所在地域范围的情形。又如某公司申请的第67086108号30类“河溪镇香醋”商标(见图4-29),申请人地址为湖南省吉首市河溪镇,同样属于申请人来自该地名所在地域范围的情形。上述两件商标均以缺乏显著特征为由被驳回。

李条村

图4-28 “李条村”商标

河溪镇香醋

图4-29 “河溪镇香醋”商标

基于上述案例,餐饮业市场主体在提交商标注册申请时,应尽量避免使用具有明确地理描述性且容易被认为是表明商品或服务来源的标志。具体来讲,首先应尽量避免使用地名与“乡、镇、村”的组合,使之明显具有地理描述性以外的其他含义且该含义强于地名含义。如某合作社申请的第

64606118号31类“福光华塘”商标（见图4-30），申请人地址为安徽省马鞍山市当涂县黄池镇福光村。该商标中“福光”“华塘”均为村镇名称，且该申请人来自福光村，但是该商标并未明确指向所含地名，且整体具有强于地名的其他含义。所以，该商标已核准注册。其次，可以在商标中添加具有显著特征的部分，如某自然人申请的第66939777号43类“马井镇新民羊头馆”商标（见图4-31），申请人地址为安徽省宿州市萧县马井镇，属于来自该地名所在地域范围的情形，且以地名与餐饮业通用名称的组合构成，但其添加了“新民”这一显著部分，使之整体具备显著特征，该商标也已核准注册。

福光华塘

图4-30 “福光华塘”商标

马井镇新民羊头馆

图4-31 “马井镇新民羊头馆”商标

四、结语

餐饮行业商标注册申请所涉情形甚多，本文仅选取较具代表性的案例进行分析与总结，以期对餐饮业者的商标申请注册行为提供相应帮助。不难看出，无论是基于当前还是未来，规范餐饮业商标注册申请是大势所趋，它不仅能为餐饮经济的发展营造有利的外部环境，还能切实促进知识产权事业的发展，进一步助力我国知识产权强国建设。

含“中国”商标的准与驳

依据我国《商标法》第十条第一款第一项的相关规定，同中华人民共和国的国家名称、国旗、国徽、国歌、军旗、军徽、军歌、勋章等相同或者近似的，以及同中央国家机关的名称、标志、所在地特定地点的名称或者标志性建筑物的名称、图形相同的标志不得作为商标使用。

《商标审查审理指南》对“国家名称”作了详细解释。“国家名称”包括全称、简称和缩写。我国国家名称的中文全称是“中华人民共和国”，简称为“中国”“中华”，英文全称是“the People's Republic of China”，简称或者缩写为“CHINA”“CHN”“PRC”“P.R.CHINA”等。

笔者将依据《商标法》《商标审查审理指南》等，结合商标审查工作，对“中国”“中华”“CHN”等与中华人民共和国国家名称相同或相近的商标的审查进行分析。

一、同中国国家名称相同或近似的商标

标志与我国国家名称相同的，判定为与我国国家名称相同，如“中国”“CHINA”。标志的含义、读音或者外观与我国国家名称近似，容易使公众误认为我国国家名称的，判定为与我国国家名称近似，如“ZHONGGUO”“CHINAR”。

【案例 1】某公司申请“CHINA”商标（见图 4-32），指定使用在第 35 类

“广告;商业管理和组织咨询;饭店商业管理”等服务项目上。

经查,“China”可译为“中国”,“china”可译为“瓷(料);瓷器”(来源:金山词霸)。该商标除引证在先近似商标外,同时以“该标志可译为‘中国’,为我国国家名称,不得作为商标使用”予以驳回,适用绝对条款为《商标法》第十条第一款第一项。

图 4-32 “CHINA”商标

【案例 2】某公司申请“视觉中国 VISUAL CHINA GROUP”商标(见图 4-33),指定使用在第 9 类“视频游戏卡;电子出版物(可下载);计算机游戏软件”等若干商品上。

经查,“视觉”在百度汉语中释义为:“物体的影响刺激眼睛所产生的感觉。”“中国”是中华人民共和国的简称。“视觉中国”指向“视觉(中国)文化发展股份有限公司”。在金山词霸中,“VISUAL”可译为“视觉的;视力的”;“China”可译为“中国”;“GROUP”可译为“组;团体;集团”。申请人性质为股份有限公司,该商标中含“GROUP”(可译为“集团”),与申请人名义不符,容易导致消费者/公众产生误认。该商标适用“该标志中含有‘GROUP’(‘集团’),与申请人名义不符,易造成消费者误认,且该标志中的‘CHINA’(‘中国’),不得作为商标使用”予以驳回,适用绝对条款为《商标法》第十条第一款第一项、第十条第一款第七项。

图 4-33 “视觉中国 VISUAL CHINA GROUP”商标

二、系国家名称滥用的商标

为防止我国国家名称的滥用,损害国家尊严,标志中含有与我国国家名称相同或近似的文字,因与其他要素结合,整体上已不再与我国国家名称相同或近似的,适用《商标法》第十条第一款第八项。

【案例】某公司申请一标多类“sinopower”商标(见图 4-34),指定使用在第 7 类、第 9 类商品上,如“冲洗机;钻探装置(浮动或非浮动);引擎锅炉用部件”等若干商品上。

sinopower

图 4-34 “sinopower”商标

经查，“SINO”在《牛津高阶英汉双解词典》中可译为“中国的；中国人(的)”；在金山词霸中可译为“中国”。经审查认为：“POWER”在金山词霸中可译为“权力；能力；操控力；职权；动力；能量”等。该商标作为整体可译为“中国动力”等。结合申请的商品，该商标适用“该标志中‘SINO’可译为‘中国的’，用作商标易产生不良影响，且该标志用作商标使用在指定商品上，缺乏显著特征，不具备商标的识别作用，不得作为商标使用和注册”，适用绝对条款《商标法》第十条第一款第八项、第十一条第一款第三项予以驳回。

三、例外情形

（一）客观存在的事物

标志中含有与我国国家名称相同或者近似的文字，但其描述的是客观存在的事物，一般不适用禁止性规定，如“中华龙鸟”“中华鲟”。

【案例】某公司申请“中华虎凤蝶 luehdorfia chinensis”商标（见图 4-35），指定使用在第 25 类“服装；鞋(脚上的穿着物)；靴”等若干商品上。

中华虎凤蝶
luehdorfia chinensis

图 4-35 “中华虎凤蝶 luehdorfia chinensis”商标

经查，“中华虎凤蝶”是中国独有的一种野生蝶，属于国家二级保护动物，由于其独特性，像大熊猫一样珍贵，被昆虫专家誉为“国宝”。“luehdorfia chinensis”在金山词霸中无特殊含义，在百度百科、必应词典中指“中华虎凤蝶”。“中华虎凤蝶”是客观存在的事物，不适用《商标法》第十条第一款第八项。该商标经审查，无在先权利障碍，最终获得注册商标专用权。

（二）整体是报纸、杂志（期刊）名称

标志中含有与我国国家名称相同或近似的文字，但其整体是报纸、杂志（期刊），且与申请人名义一致，如申请人能证明其合法出版发行资格，则指定使用于报纸、杂志（期刊）、新闻出版物等特定商品上，一般不适用《商标

法》第十条第一款第八项。

【案例】《中国纺织》杂志社申请“中国纺织”商标（见图 4-36），指定使用在《类似商品和服务区分表》第 16 类“报纸；期刊；杂志（期刊）；新闻刊物”商品上。

图 4-36 “中国纺织”商标

经查，《中国纺织》创刊于 1951 年，是由中国纺织工业联合会主管，中国纺织工业联合会主办，《中国纺织》杂志社（注：即该商标申请人）编辑出版的纺织服装行业产经类刊物。商标局向申请人发出审查意见书，要求提供我国出版行政主管部门核发的报纸、期刊出版许可证明，以证明该商标是经批准使用的报纸、期刊名称。该申请人在期限内回文，提供了期刊出版许可证等证明。经审查，回文证明有效，该商标申请准予注册。

（三）整体是企事业单位简称

标志中含有与我国国家名称相同或者近似的文字，但其整体是企事业单位简称，如果具备以下条件，则不以《商标法》第十条第一款第八项驳回：①申请人主体资格应当是经国务院或其授权的机关批准设立的；②申请人名称应经名称登记机关依法登记；③申请标志与申请人名称的简称一致，简称是经国务院或其授权机关批准的；④该标志经过申请人在实际中长期广泛使用，在相关公众的认知中，与申请人形成了唯一对应关系。

【案例】中国广播电视网络集团有限公司申请“中国广电”商标（见图 4-37），指定使用在第 38 类“新闻社服务；在全球通信网络、互联网和无线网络上同步播放电视；移动电话通信”等服务项目上。

图 4-37 “中国广电”商标

经查，中国广播电视网络集团有限公司（China Broadcast Network，简称“中国广电”）是经国务院批复，由中央财政出资，于 2014 年 5 月 28 日正式挂牌成立的中央文化企业。中国广电由国家广电总局负责组建和代管，由财政部代表国务院履行出资人职责，财务关系在财政部单列，由广电总局和工信部按照职责对中国广电相关业务实行行业监管。

该商标不适用《商标法》第十条第一款第八项规定予以驳回。该商标经审查,无在先权利障碍,现已注册。

综上所述,对于含"中国""CN""中华"等商标的审查,要严格按照《商标法》《商标审查审理指南》等规定,立足法律法规,树立清晰的法律思维,牢牢把握立法宗旨,并结合最新审查审理标准进行审查,坚持公平公正的原则,以实际行动切实维护我国国家尊严、社会公共利益和公共秩序。

地图作为商标申请注册的常见驳回情形解析

2023 年 8 月 28 日，“2023 年版标准地图”正式发布并在自然资源部主办的标准地图服务网站上线，供社会公众免费浏览下载。规范使用地图，是每一位中国公民的责任和义务。地图作为商标申请注册的情形所涉问题甚多，本文主要列举了典型的“问题地图”及其他地图在商标注册申请中被驳回类型，并提出具体建议，期望对商标注册申请人有所帮助。

一、申请人将地图作为商标申请注册的原因及主要情形

地图具有直观、形象的特点，能够充分展现某一区域的自然与人文环境、经济社会特色。使用地图作为商标，可以让消费者将地图所展现的区域与其背后的商品和服务产生直接的关联，达到凸显商品、服务特色，吸引公众注意力，进行广泛宣传的目的。因此，很多商标注册主体选择将地图元素加入商标图样的设计中。有的商标注册主体希望通过使用世界地图或国家地图展现自己的商业辐射范围，展现自己商品的特定产区和服务品质。也有的想利用争议地图制造新闻热点，吸引公众视线。个别商标注册主体企图利用商标这一公开使用的载体，宣扬疆域模糊的“问题地图”，损害消费者利益、国家利益和民族尊严。

将地图作为商标进行申请注册的情形多种多样，根据地图在商标中的位置，可以分为将地图作为商标的主要识别部分或将地图作为商标背景图

样申请注册的情况。根据选择的地图区域范围，可以分为使用全球地图、国家地图、区域地图等。根据地图的绘制方法，可以分为使用标准地图、艺术化地图等。

二、地图可否作为商标申请注册

（一）法律法规及“问题地图”的识别

《商标法》第八条规定：

> 任何能够将自然人、法人或者其他组织的商品与他人的商品区别开的标志，包括文字、图形、字母、数字、三维标志、颜色组合和声音等，以及上述要素的组合，均可以作为商标申请注册。

根据该规定，只要该地图标识图形具备显著特征，同时不与他人的在先权利相冲突，理论上是可以注册成为商标的。但《商标法》第十条第一款第八项又明确规定，有害于社会主义道德风尚或者有其他不良影响的标志不得作为商标注册。

在商标注册事务中，包含地图元素的商标申请注册的审查结果常常让申请人感到困惑。究竟怎样的地图可以作为商标注册，怎样的“问题地图”会因易产生不良社会影响被驳回？为了解答这个问题，商标注册申请人首先需要了解何为“问题地图”。

根据《中华人民共和国测绘法》（下称《测绘法》）第七条、第三十七条、第三十八条、第六十二条及《地图管理条例》相关规定，所谓的“问题地图”主要指地图中存在以下三大类问题：

第一种是与我国政治与外交主张不一致的地图。比如：台湾省在地图上的表示方式违背一个中国原则；错绘、漏绘我国台湾岛、海南岛、南海诸岛、钓鱼岛及其附属岛屿等；错绘国界线，将我国领土标到国外；南海断续线的表示不符合国家有关规定；错将我国重要岛屿按其他国家主张的名称进行标注等。

第二种是表示了不宜公开信息的地图，如涉密地图、涉军等敏感或涉密信息。如军事禁区、军事设施、国家安全要害部门、未经公开的港口和机场等不能对外公开的涉密内容。

第三种是其他不符合地图管理有关规定的地图和使用行为。比如：地图上地名的表示不符合地名管理的要求；其他国家和地区的表示不符合我国政治外交主张和有关规定；无资质从事地图编制或互联网地图服务而涉足该领域；未依法履行地图审核程序公开登载；弄虚作假、伪造申请材料骗取地图审核批准文件，或伪造、冒用地图审核批准文件和审图号。①

（二）"问题地图"作为商标申请注册的具体情形

1.以中国地图作为商标申请注册的情形

由于地图绘制的国家版图是国家行使主权和管辖权的疆域，是国家主权与领土完整的象征，反映着国家的主权范围②，具有严肃的政治性、严密的科学性和严格的法定性，故根据《自然资源部关于印发〈公开地图内容表示规范〉的通知》中公开地图或者附着地图图形产品的内容表示，应遵守《公开地图内容表示规范》：需要完整包含中国全图，应准确表示中国领土范围，应当表示南海诸岛、钓鱼岛及其附属重要岛屿。依据上述规定，将我国国家地图作为商标组成要素注册，不能有一丝一毫偏差。

但在商标申请注册实际工作中，包含我国地图的商标，因制图不严谨，"问题地图"频现：部分商标包含的地图错误绘制了我国国界线，漏绘了包括台湾岛、钓鱼岛等重要岛屿，模糊了重要的领土及争端区域，甚至登载了敏感乃至涉密的信息。以上情形都极大损害了我国的国家主权、安全和利益。尤其在当今的商业环境下，商标广泛运用于广告和宣传材料中，作为品牌更是深入人心，引人关注，包含"问题地图"的商标一旦获准注册，其负面效应难以估量。同时，国家地图作为国家主权与领土完整的象征，为一家企业所独自使用，成为该商标的显著识别部分，明显有失公允，易产生不良影响。因此，为了维护国家的主权和尊严，保障商标注册的公平公正，包含我国地图的商标注册申请应依照《商标法》第十条第一款第八项予以驳回。

---

① 参见张维：《规范使用地图一点都不能错　自然资源部去年检定发现"问题地图"4400余张》，《法治日报》2023年9月8日。

② 参见银波：《出版物中"问题地图"探究》，湖南师范大学硕士学位论文，2020年。

如某协会申请的第 50268394 号商标(见图 4-38),指定使用在第 39 类服务项目上。可以明显看到,该商标以不完整的中国地图作为背景,仅包含我国国土主要轮廓,漏掉了阿克赛钦地区、藏南地区、南海九段线等。该商标首次申请,即被驳回,理由之一便是该商标包含中国地图,易产生不良影响,不得作为商标注册。该商标后申请驳回复审,主要理由为:该商标为申请人所独创,标志层次感强烈且富有创意,相关公众看到自会与“中国”联系,不会产生不良影响,且该商标经使用已经在公众中具有较高知名度。在驳回复审阶段,国家知识产权局商标局维持原审查结论,认为该商标包含不完整中国版图,用作商标易产生不良影响,依照《商标法》第十条第一款第八项予以驳回。[①]

图 4-38　图形商标

“地图无小事”,它反映了国家主权意识和政治外交,与国旗、国歌同等严肃庄重。使用包含我国版图的“问题地图”,难以完整表示我国全部领土范围,清晰标注每段国界范围,更容易在敏感区域触碰高压红线,损害国家主权尊严。作为商标,将国家地图作为主要识别部分,难称独创,不具备显著性和商标的识别特征,更起不到区分识别的作用。因此,包含我国地图的图形,不宜作为商标注册和使用。

2.以包含我国敏感区域的地图作为商标注册的情形

如第 37108710 号商标(见图 4-39),指定使用在第 9 类商品上,其部分商标图样仅包含我国台湾省轮廓地图,但其附属岛屿缺失。该商标一旦公开使用,必然造成严重的不良影响。难免有人利用“问题商标”制造舆论事件,损害国家形象、主权统一和领土完整。因此,对该商标依照《商标法》第十条第一款第八项,以易产生不良影响予以驳回。

图 4-39　图形商标

① 参见国家知识产权局商评字〔2022〕第 0000021529 号《关于第 50268394 号“中国航空运输协会 CATA 及图”商标驳回复审决定书》。

常见的包含我国敏感区域的地图作为商标注册的情形，不仅限于以上在地图中遗漏我国部分领土、领海区域以及单独使用部分敏感领土、领海区域地图申请注册商标的情形，还包括将我国台湾省等敏感区域标注与祖国大陆不一致底色、错误使用比例尺、随意用文字压盖我国地图图形等情形。[①]使用包含我国敏感区域的地图作为商标注册的情形，反映出部分商标申请主体无视国家主权尊严和领土完整，对地图管理、商标法律法规意识淡薄，更有甚者企图利用敏感区域的地图作为噱头吸引社会关注，达到商业宣传的目的。因此，包含我国敏感区域地图的图形，不宜作为商标注册和使用。

3.使用我国边境省级区划地图作为商标注册的情形

我国幅员辽阔，陆地边界长度约为 2.2 万千米，共有九个省区（辽宁省、吉林省、黑龙江省、内蒙古自治区、甘肃省、新疆维吾尔自治区、西藏自治区、云南省和广西壮族自治区）在陆地上和外国接壤。商标注册申请人如果将边境省级行政区划地图作为商标申请注册，难以将边境线完整准确地展示，且涉及敏感的领土问题，故其不宜作为商标广泛使用。如第 19893306 号商标（见图 4-40），指定使用在第 32 类商品上。该商标图样包含明显的东三省地图图样，商标注册申请人的本意是凸显自己商品的产地特征，但使用的地图涉及我国边境线和与外国接壤区域，易损害我国主权和领土完整，甚至引发国际争议。且该商标图样中地图清晰明显，难以视作普通的装饰背景，具有较强的指代性。依照《商标法》第十条第一款第八项，以易产生不良影响予以驳回。

图 4-40　图形商标

（三）地图作为商标申请注册的其他驳回情形

规避“问题地图”，使用其他规范地图作为商标申请注册，就一定可以获准注册吗？这个问题的答案是否定的。商标的核准注册是一个全面、系统且复杂的工作，需要综合考虑该商标的合法性、显著性、在先权利等。作为

① 参见王琴:《“问题地图”危害与防控》,《测绘》2021 年第 2 期。

商标注册的地图图样，不能有损国家主权统一和领土完整，不可损害民族感情，不会引发国际争端，同时符合《商标法》对于注册商标的一般标准，具备显著特征，不致使消费者产生误认，不侵犯他人在先的商标权利等。故涉及地图的商标申请注册，需要申请人格外谨慎。

如选取我国的内陆省份标准地图或其他区域地图作为商标申请注册，虽然不涉及领土及边境问题，但仍需要遵守《商标法》的相关规定。如第 68177888 号商标（见图 4-41），指定使用在第 33 类商品上。该商标图样未注明其来源或设计说明，亦不是国内敏感区域、边境省级区划地图，不属于依照《商标法》第十条第一款第八项，以易产生不良影响驳回的地图范畴；但很明显，该商标图样仅由简单的线条勾勒的未知名地图构成，缺乏显著特征，不具备商标的识别作用，故根据《商标法》第十一条第一款第三项、第三十条的规定予以驳回。[①]

图 4-41　图形商标

再如某公司同一时间申请了第 22750861 号商标（见图 4-42）、第 22750862 号商标（见图 4-43）、第 22750859 号商标（见图 4-44）、第 22750854 号商标（见图 4-45）等 40 余件同类型商标。

图 4-42　图形商标

图 4-43　图形商标

图 4-44　图形商标

图 4-45　图形商标

① 参见国家知识产权局：《商标审查审理指南》，知识产权出版社 2022 年版。

上述商标均是我国各省份地图图样，虽不是“问题地图”，但均是地图与当地代表词语搭配，指代性较强，若为一家企业独占有失公允。而且该申请人申请商标数量众多，明显超出了正常的生产经营需要，涉嫌恶意囤积商标、不当占用商业资源。该行为严重扰乱了正常的商标注册管理秩序，易产生不良影响。根据《商标法》第十条第一款第八项规定，以易产生不良影响予以驳回。目前，此类抢注行为均依据《商标法》第四条“不以使用为目的的恶意商标注册申请”驳回。

三、地图作为商标申请注册的建议

商标申请人应规范、正确地使用地图，严格遵循《测绘法》《地图管理条例》《商标法》中的有关规定。本文从商标申请注册的实践出发，总结出以地图作为商标申请注册的几点建议，以供参考：

(1)通过专业途径获取，规范使用地图。可通过自然资源部网站下载正确的、印有审图号的正规地图。

(2)识别“问题地图”，避免将国家地图、敏感区域地图、边境省级区划地图等作为商标申请注册。

(3)作为商标图样的地图不宜过于简单或过于复杂，如线条勾勒简单或者图样繁杂，难以清晰辨认，将失去商标的显著特征。

(4)根据自身发展需要，不宜大量地将地图申请注册成为商标。

(5)可结合申请人自身情况，对地图进行艺术化设计，或避免地图成为商标的显著部分。

四、结语

以上是笔者列举的将地图作为商标申请注册的几种常见情形及相应建议。希望对商标注册申请人有所裨益，促使其在法律法规的红线内规范使用地图，将企业特色、地域风采、文化内涵融入具有辨识度的商标之中，真正让商标发挥应有的价值，推动经济高质量发展。

以姓名作为商标注册的常见问题讨论

在当今这个“信息爆炸”的时代，消费者每天都面对着琳琅满目的商品和品牌。如何注册并应用好有价值的商标，使其在众多品牌中脱颖而出，是每个企业都在思考的问题，具有辨识度的姓名也就成为商标的选择之一。姓名中不仅包含人格利益，还衍生出了经济价值。因此，一些经营者选择以姓名注册商标，实现姓名权中的财产利益转移，从而在短时间内以最小的成本提升了该产品企业的市场影响力。

这其中既有借助姓名商标，使企业声誉更上一层楼的优秀案例，也不乏恶意攀附、蹭流量牟利、侵犯他人姓名权、破坏我国公平竞争的市场秩序的不当商标注册。

姓名能否作为商标进行注册？相关的政策与法律法规是怎样的？在实际商标申请注册过程中，常见的驳回事由有哪些？怎样的姓名商标可以获准注册？这是本文将着重探讨的问题。

一、姓名作为商标注册的原因

姓名是对人的称谓，能够区分不同的人物。从申请主体来看，姓名商标注册分为以本人姓名申请注册和以他人姓名申请注册；从姓名的类型来看，可以分为以自然人户口姓名申请注册和以网名、艺名、笔名等申请注册；从姓名的影响力来看，可以分为以名人商标申请注册和以非知名姓名申请注册。

申请人选择将姓名作为商标进行注册，一般出于以下几种目的：

(1)证明商品或服务的来源，从而影响消费者的判断。消费者在购买相关人物姓名作为商标的商品或服务时，理所应当地将该商品与服务指向了该自然人，并将他的职业、经历与商品或服务相结合，相当于以姓名的知名度为该商品或服务的质量进行"担保"。

(2)借助姓名的知名度，达到推广传播的目的。随着自媒体行业的蓬勃发展，"网红经济"成为新业态，无数的"网红"脱颖而出，以其姓名作为商标申请注册，能广泛吸引粉丝眼球，制造新闻话题，达到推广宣传的目的。

(3)为转让商标、提起侵权诉讼等获得不法利益而恶意抢注他人姓名商标。部分商标申请人紧盯社会热点时事，第一时间将社会热点人物、文体明星姓名申请作为商标进行独占，以期通过商标转让、侵权诉讼获得不法利益，这种行为不仅会侵害权利人的在先权利，还会造成注册商标资源的浪费，严重扰乱商标管理秩序。

二、姓名商标注册和保护的法律依据

笔者结合自身工作实际，从以下法律条款中探寻姓名作为商标注册和保护的法律依据：

(1)根据《民法典》第一千零一十四条规定："任何组织和个人不得以干涉、盗用、假冒等方式侵害他人的姓名权和名称权。"第一千零一十七条规定："具有一定社会知名度，被他人使用足以造成公众混淆的笔名、艺名、网名、译名、字号、姓名和名称的简称等，参照适用姓名权和名称权保护的有关规定。"这是从基本法的角度，规定了作为自然人的人格权之一的姓名权保护的根本依据。

(2)根据《商标法》第八条规定："任何能够将自然人、法人或者其他组织的商品与他人的商品区别开的标志，包括文字、图形、字母、数字、三维标志、颜色组合和声音等，以及上述要素的组合，均可以作为商标申请注册。"姓名作为文字的一种，可以作为商标注册，但需具体审查整体是否违反禁注条款。

(3)根据《商标法》第十条第一款第八项规定,有害于社会主义道德风尚或者有其他不良影响的,不得作为商标注册和使用。《商标审查及审理标准》对"其他不良影响"作出了定义:商标的文字、图形或者其他构成要素具有贬损含义,或者该标志本身虽无贬损含义,但由该申请人注册使用,易对我国政治、经济、文化、宗教、民族等社会公共利益和公共秩序产生消极、负面的影响。

(4)根据《反不正当竞争法》第二章第六条规定:"经营者不得实施下列混淆行为,引人误认为是他人商品或者与他人存在特定联系:……(二)擅自使用他人有一定影响的企业名称(包括简称、字号等)、社会组织名称(包括简称等)、姓名(包括笔名、艺名、译名等)。"

(5)根据《中华人民共和国英雄烈士保护法》(以下简称《英雄烈士保护法》)第二十二条第二款规定:"任何组织和个人不得将英雄烈士的姓名、肖像用于或者变相用于商标、商业广告,损害英雄烈士的名誉、荣誉。"

三、姓名商标常见驳回案例分析

(一)以英雄烈士姓名作为商标注册

根据《英雄烈士保护法》的有关规定,烈士姓名一般不得作为商标注册和使用,除非该商标本身具有其他含义,无法与烈士产生特定对应关系,不致损害烈士荣誉等。

如某公司在第41类"培训、组织文化或教育展览"等服务项目上申请了"宋教仁"商标。众所周知,宋教仁先生是中国近代革命先驱者之一,被称作"中国宪政之父",于民国2年(1913年)在上海火车站遭遇刺杀。1950年12月,中共中央、政务院批准宋教仁为革命烈士。因此,该商标注册申请被商标局根据《商标法》第十条第一款第八项有关规定,以"该标志用作商标易造成不良社会影响,不得作为商标使用"为由予以驳回。

(二)以政治、社会热点人物作为商标注册

2020年,在抗击"新冠肺炎"的关键环节,出现了以"钟南山"作为商标申

请注册的新闻。同年2月，国家知识产权局下发《疫情防控相关商标审查指导意见》，明确与疫情相关人员姓名、含疫情病毒名或疾病名的相关标志、疫情相关药品标志、防护产品相关标志及其他疫情相关标志等商标的审查指导意见，依法从严从快打击与疫情相关的非正常商标注册申请行为。同年3月，国家知识产权局对63件实质审查阶段的“钟南山”等恶意商标注册申请依法作出驳回决定。

2022年俄乌冲突爆发以来，乌克兰总统泽连斯基被推上舆论的风口浪尖。宁波市的王某敏锐地嗅到了商业气息，通过当地知识产权公司代理，率先在第6类“水龙头、饮水机、空气炸锅”等商品上递交了“泽连斯基”商标注册申请。国家知识产权局商标局随即以“泽连斯基为第6任乌克兰总统，用作商标易产生不良社会影响”为由，将该申请驳回。同时，当地市场监管局认为，该知识产权代理机构知道或者应当知道委托人申请注册的商标损害他人现有在先权利，仍接受其委托属违法行为，依照《商标法》有关规定，作出警告及罚款20000元的行政处罚。

（三）以“网红”及舆论热点人物姓名作为商标注册

2020年，生活在四川省甘孜藏族自治州理塘县的藏族小伙丁真因为一段视频在网上迅速走红。与之相伴的是，他的姓名被多家公司申请注册商标，引发媒体关注。2021年2月10日，国家知识产权局商标局官方网站发布《关于依法驳回78件“丁真”商标的通告》和《关于依法驳回13件“丁真”商标的通告》，依据《商标法》第四条第一款、第十条第一款第七项的规定，共计91件“丁真”相关商标注册申请被依法驳回。在本案中，“丁真”虽非专有词汇，理论上可以申请商标注册，但在特定的时间，应结合舆论热点事件综合判定，此商标很容易使公众认为标有此商标的商品与该自然人存在许可等特定联系，因此，可认定为侵犯了姓名权，其他人不能随便抢注。

（四）以文艺、体育明星姓名作为商标注册

2018年，19岁的法国足球运动员姆巴佩闪耀俄罗斯世界杯，个别商标申请人企图蹭他的热度，纷纷在诸如第25类“服装、运动鞋”、第28类“体育

活动用球、锻炼身体器械”等相关商品上进行商标注册申请。2018 年 7—10 月，200 余件“姆巴佩”商标在实质审查过程中均适用《商标法》第十条第一款第七项，以“该标志用在指定商品上，容易使消费者产生误认，不得作为商标使用”为由予以驳回。

无独有偶，在第 32 届东京奥林匹克运动会上，中国体育代表团牢记党和人民嘱托，勇于挑战，超越自我，在赛场争金夺银，为祖国和人民赢得了荣誉。但个别商标申请人却动起了歪脑筋，将“苏炳添”“全红婵”等奥运冠军姓名，在未获得本人授权的情况下，进行了商标恶意抢注。针对此类情况，中国奥委会发表声明指出：“如未获得运动员本人或未成年运动员监护人授权，不得有以奥运健儿姓名恶意抢注商标或其他侵犯运动员姓名权等合法权益的行为；有上述行为的，应及时撤回和停止实施商标注册申请。”国家知识产权局商标局果断采取行动，第一时间发布《关于依法驳回“杨倩”“陈梦”“全红婵”等 109 件商标注册申请的通告》(以下简称《通告》)。《通告》指出：“个别企业和自然人把‘杨倩’‘陈梦’‘全红婵’等奥运健儿姓名和‘杏哥’‘添神’等相关特定指代含义的热词进行恶意抢注，提交商标注册申请，以攫取或不正当利用他人市场声誉，侵害他人姓名权及其合法权益，已产生了恶劣的社会影响。”对此，国家知识产权局依据《商标法》第十条第一款第八项的规定，对第 58130606 号“杨倩”、第 58108579 号“陈梦”、第 58265645 号“全红婵”等 109 件商标注册申请(含一标多类)予以快速驳回。

四、以姓名作为商标注册的建议

以姓名作为商标申请注册，常见获准注册的情形有：

1.以本人或法定代表人真实姓名申请商标注册

以申请人真实姓名作为商标注册，可以强化荣誉感，督促申请人认真做好品牌，并且容易记忆辨识，一般不会导致消费者混淆，该类商标申请常常获得支持。建议商标申请人尽快进行商标布局，及早注册，防止他人抢注。如“毛戈平化妆品股份有限公司”，其法人为国家著名化妆师毛戈平，以其姓名作为商标，申请注册在第 44 类“美容服务、化妆师服务”等服务类别上，已获准注册。如果其他申请人在未获得本人授权的情况下，以“毛戈平”申请作为商标注册，一般会根据《商标法》第十条第一款第七项，以“易使消费者产生误认”予以驳回。

2.获得姓名权人授权

名人姓名具有广泛知名度，为公众所广泛熟悉，该姓名与特定的自然人已经建立了稳定的联系，其背后的商业价值不可小视。以此类名人姓名作为商标注册时，应充分尊重他人的姓名权和声誉，获得该姓名权人的许可，否则此类申请难以获准注册；即便侥幸获准，也将面临商标异议甚至无效宣告等其他诉讼风险；大量抢注名人姓名，还将涉嫌构成“不以使用为目的的恶意商标注册”。

在实际商标申请过程中，申请人可以将姓名权人授权文书作为商标注册申请材料，或在商标审查机构发出审查意见书时作出积极回应。有效的授权文书应包含该姓名权人的有效证件信息、授权对象、使用范围等，否则，该商标一般会依照《商标法》第十条第一款第八项，以“易使消费者产生误认”予以驳回。如某工作室申请的第20132930号“陈道明”商标，因“陈道明”为知名演员，故在审查过程中，向申请人发出审查意见书，要求其提供“陈道明”授权该工作室将其姓名注册为商标的证明文件，申请人及时提供了有效授权文件，该商标随即获准注册。“陈道明”商标的成功注册，是姓名作为商标注册申请在审查实践中确权与保护的典型案例，也是《民法典》第九百九十三条规定“民事主体可以将自己的姓名、名称、肖像等许可他人使用”的题中之义。

3.使用历史文化名人姓名作为商标申请注册

古代历史上为公众所熟知的帝王将相、能工巧匠、才子佳人等的姓名、名号、别称等，通常来说，只要不带有歧视性或是不良影响，申请注册成功的可能性会比较大。以历史文化名人姓名作为商标注册，带有文化和商业的双重价值，对于提高地域品牌、产品知名度和促进地方经济发展具有较好的推动作用。如第18679090号“康熙”商标，指定使用在第33类“葡萄酒、白酒、黄酒”等商品上。该商标注册后被他人提出无效宣告请求，理由之一便是“康熙”作为清朝第二位皇帝，奠定清朝兴盛根基，开创康乾盛世，被尊为“千古一帝”，以“康熙”作为商标注册，违反了《商标法》第十条第一款第八项规定。国家商标评审委员会出具的《无效请求裁定书》，并不认为将“康熙”作为商标注册对我国的政治、经济、文化、宗教等社会公众利益和公共秩序产生消极影响，故该商标予以维持。

五、小结

综上，以姓名作为商标注册，应综合考虑该姓名的含义及背后的政治、经济、社会影响，严格遵照《商标法》及相关法律规定，尊重他人在先权利，及早布局商标注册规划，重视商标品牌价值培育；遵守诚实信用的原则，以使用为目的进行合理商标申请注册，不盲目蹭热度、追流量，增强商标权利人的责任感和荣誉感，从而打造有内涵、有号召力的高质量商标品牌。

新时期企业商标管理与保护探究

商标在市场经济日益发达的现代社会中得到了广泛的应用，商标最大的魅力在于其在商品宣传销售过程中具有强大的识别功能与作用，国家对于商标的相关管理及保护行为也体现了国家对合法商务活动的支持及鼓励。商业活动的经营主体在社会经济发展壮大的过程中不断地生成、变更与消逝，商标注册的相关问题也不断地暴露在公众视野中。

一、企业商标管理与保护中存在的问题

（一）企业商标管理

1.不健全的商标管理制度

商标管理制度的管理环节众多，是一项工作种类繁杂、工作量巨大的系统性工程，其主要管理内容囊括了商标的注册、择选、外宣、使用、保护等；特别是在大型国有综合性集团公司中，所有的子公司或兄弟公司及下属公司在企业的商标理念的管理上必须与总公司的商标保持战略一致，形成系统的商标管理体系，是集团企业文化的体现形式之一。因此，商标在设计前期要融合企业的文化背景及战略目标，通过长远的眼光来进行设计与审核，并使该项工作在企业的管理规范与审批步骤中得到具体体现。很多中小企业在实际的生产经营过程中缺乏相应的商标管理体系以及完善的培训制度，很难实现真正意义上的商标管理工作。

2.不规范的商标及品牌使用

商标是一个企业的隐性资产,通过经营者在商业活动中的长期广泛使用可以给消费者带来极高的辨识度与品牌效应,从而带动企业的商品在消费者群体中的传播与推广,使经营者及企业都能得到商标带来的经济效益反馈。如果经营者在从事经营活动过程中受到利益驱使而擅自对已合法注册的商标进行法律允许范围之外的更改,那么法律对不合商标规范的产品不但不会保护,还会制止其所进行的商业活动,导致经营者辛苦建立的商标形象受损,严重降低商标给经营者及企业所带来的经济效益。

3.不作为的商标维权工作

已有知名商标的专用权受法律保护是企业顺利执行商标管理工作的重要法律保障,市场上的一些后起经营者在近些年不把工作重点放在提高产品质量、提升产品知名度上,而是通过擅自使用或篡改已有的企业知名商标,以达到混淆消费者视听从中非法获利的目的。这种侵权行为对商标管理制度以及商标使用环境都造成了严重的影响,使消费者的消费行为受到误导和侵害,也使被侵权的企业及其经营者遭受品牌形象受损及品牌经济效益下降的沉重打击。

(二)企业商标保护存在的问题

我国现阶段对企业商标的保护在保护力度及保护制度上都存在一定缺陷,使国有企业在创造知名品牌的道路上受阻颇多,影响了国有企业开拓市场、提升自身经济竞争力。

1.企业对商标保护重视度不高

(1)随着知识经济时代的发展,企业的商标保护和管理力度会直接影响到企业的发展,是企业的发展文化直观体现,也属于企业不可缺少的知识财产。企业加强商誉的管理和维护是企业将商标发展成为驰名商标的重要途径。企业商标的含金量是对企业经营水平的直观体现,只有在产品与服务上都能赢得消费者的肯定与支持,才能有效提高企业商标的含金量。通过对全国50强企业商标保护的研究与分析发现,商标的保护问题在企业中的受关注度普遍较低,更有甚者,对自身商标的司法注册都没有进行完善。企业商标是提高企业经济效益、保障企业市场竞争力的重要体现，所以企业应加强商标管理工作，保护好企业的这一项重要经营内容。

(2)商标的重要性在企业的高层管理者中得不到充分认知。商标是企业的一种隐形财务，可以为企业的生产经营带来巨大的间接经济效益。但是部分企业管理者并没有用长远的眼光来看待商标所带来的长期利益，也未运用信息化时代的技术优势，加大企业商标品牌营销的数字化投入。

2.企业保护商标方法失当

(1)部分企业虽然重视企业的商标管理工作，却没有制定明确的目标、运用合理的方式来管理。企业要提升品牌质量，只有通过优质的产品与服务取得消费者的肯定与支持才能实现。但是很多企业却并没有秉承产品与服务的原则，而是过多依赖夸张的表面广告宣传，没有意识到提升自身产品质量的重要性，从而湮灭在残酷的市场竞争之中。

(2)企业对商标的保护没有警惕性，不会使用法律武器来维护企业商标的合法权益。企业的商标发展会随着企业的强盛而不断进步。企业的商标在管理过程中也要时刻注意侵权行为所带来的影响与危害。为了使企业不断地发展壮大，要时刻关注竞争对手的侵权行为，避免企业由于商标侵权遭受经济损失。

3.企业商标注册困难

随着市场经济的快速发展，复杂的商品经济环境造成了商品商标在性能与形态上也更加繁杂。商标的形式已经从传统的图像与文字组合，经过多元化发展演变成各种赋有声音、触觉、动态等各种新型商标形式。国家对于企业所申请注册的商标都是通过层层审核批复最后才形成的，商标的审核由于在不同的国家或地区都会有不同的标准，更多的国家会鼓励使用具有美学意义的图像形式来作为企业的标志，新形式的商标在注册的过程中也会因为不符合法律规范而被否定。

二、规范企业商标管理与保护的对策与建议

（一）企业商标管理建议

1.建立合理的商标管理体系

企业想要长期合法地发挥商标在生产经营中的经济效益，需要构建完善的商标管理体系，赋予管理部门全面的管理职能。管理职能集中体现在将商标、商号、域名等内容统一在集团总部进行管理，权利归属集中则体现在集团总部对所有下属企业及子公司在商标上的注册归属权利。合理的商标管理体系对于商标的管理成本起到一定的控制作用，并且集团总部可以对企业的所有商标使用及危害情况进行全面监控，及时纠正或制止商标的错误使用行为或商标侵权行为。在中小企业的商标管理工作中，基本上都应用集中管理模式，企业如面临法律诉讼也可以通过一定的法律帮助实现保护企业合法权益的目的。

2.建设完善的商标信息库

企业商标信息库包含了企业的所有商标信息，企业在所有的商业活动中对商标的使用管理痕迹进行收集，将有使用及参考价值的资料储存下来形成企业的商标档案。商标档案是商标管理过程中的实质凭证，具有严谨的法律效应，是商标合法化的法律保障，更是企业进行商标维权的重要依仗。比如在呼和浩特市一家酒业公司以“蒙牛”为企业字号，并擅自宣称为蒙牛乳业（集团）股份有限公司旗下的公司，最终被蒙牛乳业以商标侵权进行法律诉讼。该酒业公司在蒙牛乳业依法享有企业名称及商标专用权的情况下，还擅自借用其商标的知名度试图制造混淆与冲突为自身带来不正当利益，其注册行为符合不正当竞争行为，构成了对蒙牛乳业的商誉侵权事实。另外，该酒业公司故意在宣传和经营上突出原告的商标效应，并称与其是一家来混淆商品的来源与品质，对已有的注册商标专用权造成了侵犯事实。

3.树立全员维权意识

注册商标是企业进行商标管理的首要工作，而保护商标的专用权及维

护企业的合法权益则是企业商标管理工作的最终目标。要树立全员的商标维权意识,首先,商标的维权意识应引起企业高层的足够重视,对影响恶劣且证据确凿的侵权行为进行严厉打击,通过维护企业商标的行为展示企业诚信为本的良好形象。其次,对员工的商标维权意识进行系统性的培训,员工帮助企业及时发现与制止侵权行为的发生,使企业的商标形象得到进一步维护。最后,企业应加强社会人士对侵权行为的举报机制,通过奖励的形式促进群众与相关部门完善侵权举报反馈渠道,协助管理部门对侵权行为的管理与防范。

(二)企业商标保护举措

1.重视企业商标保护

(1)市场信息在信息化时代的影响下不断更新与变化,政府也应及时完善与优化相关法律法规,使企业的商标管理在法律依据上更加全面,促进企业品牌的健康发展。另外,应根据企业发展的国际化需求,建立完善的商标外域保护法,提高企业商标在海外区域的受保护程度。

(2)企业管理者也应加强对企业商标在市场的使用状态的监管。防止部分不良企业利用信息漏洞进行商标盗用、商标交易、商标抢注等一系列违法行为,对企业的品牌形象及合法权益造成侵害。

2.采取有效方法保护企业商标

企业根据实际情况,通过数据分析、理论研究、借鉴经验等方法,厘清商标保护与运营之间的关系,对商标设计、采用、注册等一系列程序严格操办,防止他人恶意损害企业利益。

3.按照规定注册企业商标

商标的注册标准应得到国际贸易等相关全球性组织的统一管理,通过严格的审批程序及简明化的数据管理,对企业商标注册信息进行整合管理,将企业的商标注册手续便利性改善,使企业的商标注册工作更加高效迅速。

三、企业商标战略发展

（一）申请策略

商标的权利范围由商标的显著性决定。商标的原创性、商标的广告促销规模和使用的时间长短以及商标的信誉等都是决定商标显著性的主要因素。其中，商标的设计更是重中之重，良好的商标元素构成和组合形式对商标的显著性起决定作用。企业商标的构成要素通过要素组合和色彩搭配再加上形式多样的营销手段共同形成了企业的形象识别系统，特别是通过视觉传达方式可以更有效地向消费者传达企业文化与产品属性，使消费者快速了解企业的实力与产品优势。其最终目的也是让企业形象与消费者的消费需求形成共鸣，从而带动企业产品的销售。商标在企业的识别体统中感染力和传播力是最强的，可以在内部起到激励作用，也可以提高企业在外界的品牌效应。商标是企业的标志，承载了企业对外界的文化传播与销售概念。企业商标的传播是往复循环的：首先，企业通过商品的性质进行注册而获得商标，是商品及企业宣传的标志；这个标志通过媒介的传播，最终反馈到消费者生活中；消费者在商标的影响下潜移默化地加强了对商品的认知与了解。这样看来，商标在运转的过程中完成了一个循环，在这种循环中个性越鲜明突出的商标所表现出来的传播与强化效果就越好。所以，商标的优化设计对于企业特别是中小企业来说都应得到重视，通过优秀的创意及搭配组合使商标的显著特征得到更好展示。其次，应及时确定商标的意义与内容并进行申请注册。企业通过产品在消费者中的需求偏好来确定商标定位，使消费者能够更好地接受与认可企业的产品，加强自身与竞争对手之间的竞争优势，同时还要通过宣传工作进一步发挥企业的商标效应。最终通过产品的不断创新和优化，获取消费者的认可与支持，在市场竞争中得到稳步发展。最后，中小企业应根据准确的消费群体并结合良好的商标设计提高企业商标注册的效率。目前仍有较多中小企业的经营者认为企业的生产经营不会受到商标注册的影响。企业不能及时注册商标会带来很多隐患，比如被竞争对手抢注、侵犯他人的商标专用权、产品容易被别的企业抄袭等。高效地注册自己的专属商标，依法享有商标专用权，就能避免上述情况的发生，保障企业得到稳定、健康的发展。

（二）企业商标保护策略

1.单一商标策略

中小企业的特点就是规模小、资源少，对于产品种类单一的中小企业可以考虑应用单一商标策略，这样便于商标的管理；对产品种类稀少的企业也可以在一种或几种产品上进行一个固定商标的注册和使用。这样既可减轻商标管理的难度，又可降低商标管理成本，使商标在产品和市场上的适应能力更强；同时，通过减少商标管理的成本达到提升企业经济效益的目的。中小企业的单一商标申请注册便于体现小企业的代表性产品，消费者可以通过产品了解企业的特点，对企业的整体形象起到有效的宣传作用。由于产品稀少，每一种产品的失败都将使整个商标的名誉严重受损，小企业对于这种名誉受损带来的影响往往是不能承受的，所以从企业的长远发展考虑，应着重做好产品的质量管控工作，使品牌具有较稳定的影响力。

2.主副商标策略

主副商标应用在产品种类丰富且已注册商标的中小企业中会比较合适。在实际实施过程中，可以选择企业最为成功的系列产品作为主商标，再在不同系列的产品中进行个性鲜明的副商标应用，保证产品的特点得到重点体现。主副商标具有增加消费群体接触面、加强企业品牌影响力与增强宣传效果的优势，对企业旗下的产品销售起到重要的带动作用。这个模式既可有效地降低企业的广告费用支出，又可避免单个产品出现危机的连坐影响，比如大众汽车的 Golf、索尼爱立信等，达到了让消费者从主副商标中互相联想的效果，对企业的品牌打造和产品营销起到巨大的促进作用。主副商标的策略主要是通过主商标的现有知名度来提升消费者对主商标的形象认同，使主商标得到消费者认知与肯定后，带动企业旗下其他相关副商标产品的推广与销售。企业建立副商标的基础是必须拥有一个主商标作为同企业在不同区域进行商标传播的延伸，通过消费者对已成功的主商标的认可与支持，带动副商标产品的推广与销售，从而快速争夺市场份额。

3.集体商标与等级商标策略

这个策略主要适用于在不同的区域有多种重点主营产业的企业。集体商标大多由行业协会或大型工商业团体进行申请。集体商标可以有效提高行业的整体竞争力与自身优势。企业品牌与集体商标具有相互促进、相互成就的作用，企业品牌促成了集体商标的成功，集体商标也带动了企业品牌的成长。处在集体商标中的中小企业可以综合自身的产品属性及经营状况应用等级商标的方式，在不同经营状态下提升销售能力。等级商标是指在商品质量、规格、等级不同的一种商品上使用的同一商标或不同商标，其优点是可以全面满足不同消费能力群体的消费需求，消费者根据自身的消费需求以及消费能力来选择商品进行消费。等级商标策略可以高效优化企业的资源分配及资金回笼，全面提高企业的产品销售能力，使企业的经济效益得到最大保障，促进企业稳定健康发展。

四、结语

综合以上分析，在新时期背景下企业想要做好商标的管理及保护工作，要综合实际构建针对性的管理方法与保护策略，这样才能够为后续工作开展奠定良好基础。

参考文献

1.简立：《食品企业商标管理风险评价及防范对策研究》，重庆理工大学硕士学位论文，2021年。

2.张志军：《企业对不同形态商标的管理》，《中华商标》2016年第10期。

3.李群：《企业应如何做好商标管理工作》，《中国知识产权报》2016年11月18日。

4.张立兴：《我国商标权行政保护研究》，长江大学硕士学位论文，2020年。

5.黄婷婷：《基于商标保护的茶企知识产权影响与保护》，《福建茶叶》2019年第1期。

“一带一路”背景下涉外知识产权人才培养

随着党中央、国务院《知识产权强国建设纲要(2021—2035)》《“十四五”国家知识产权保护和运用规划》的发布,以及国家知识产权局《知识产权人才“十四五”规划》的制定,涉外知识产权人才培养被提上重要议事日程,纳入知识产权事业发展和知识产权强国建设战略重要内容,并对涉外知识产权人才素养提出了很高的标准要求。在创新型国家建设发展以及“一带一路”背景之下,知识产权人才供给与需求之间的矛盾突出,与《知识产权人才“十四五”规划》提出的“到2025年,知识产权人才队伍规模超过100万人”目标差距较大,具有国际视野、交叉学科背景的知识产权高端人才尤为缺乏。因此,应该在实践中不断探究,完善不足,创新高等人才培养模式,促进可持续发展。

涉外知识产权人才培养是“一带一路”沿线国家开展国际合作、实现共赢发展的共同要求。“一带一路”背景下的涉外知识产权与航空航天、公路交通、电信网络等有关国家安全以及国家建设的各个领域之间都有着密切联系。培养涉外知识产权人才能够更好地处理国际关系,掌握国家发展动向,在增强国际交往的同时增强综合国力。知识产权能够对经济发展起到助推的作用,良好的知识产权国际合作制度能够促进发展。

一、“一带一路”背景下涉外知识产权人才培养现状

知识产权高等教育在我国兴起和发展的时间相对较短，但经过不断发展，各类资源开始不断向人才培养方面倾斜。目前各大高校均已开设了知识产权相关专业，为社会输送了大量的知识产权人才。不过在知识产权人才培养模式上仍存在诸多问题，人才输送数量和质量还远远无法满足社会发展需求。

（一）知识产权学科定位不准确

知识产权相关专业目前尚未设置成一级学科，这就导致无法对其进行良好的实践规划。专科层面的知识产权学科属于公共管理与服务，而本科阶段对于知识产权的定位则发生了一定变化，转变为法学门类下的知识产权法律，硕博阶段不仅有法学门类下的知识产权法律，还包括了管理学、经济学下的知识产权相关方向。社会和国家更加需要复合型专业人才，这一点已经在实践中得到充分论证，也正因为此，高等教育中知识产权才会包含了现今的法学、管理学、经济学以及政治学等内容。

随着知识产权的发展以及社会、企业对知识产权人才的需求，其学科的定位逐渐引发了很大争议，一些人认为应该将其设置为一级学科，并根据不同研究方向，在一级学科下细分设置若干个二级学科，这样不仅能够使其定位更加准确，也更便于管理。与此同时，也有一些专家学者认为，知识产权目前的学科定位足以适应当前社会发展需求，并且能够完美体现出其复合型特点，没有必要改变或者更换。实际上，知识产权学科定位会对其发展和享用的教育资源产生很大影响，如果无法消除知识产权学科定位的分歧，那么不仅会对知识产权人才培养产生不利影响，还会阻碍核心课程体系的构建。

（二）培养目标与核心课程体系不清晰

知识产权学科定位不清晰将会直接影响到后续的人才培养工作，为培养目标和核心课程设置带来一定困难。尤其在专科的教学阶段，培养目标

不明确和核心课程设置缺乏合理性已经成为普遍问题，并且对人才培养带来严重的影响。还有许多高校在法学课程中加入经济学和管理学的相关课程，导致学生在学习时很容易陷入迷茫，最终哪一方面都没有达到培养标准，人才培养质量不尽如人意。高校对于涉外知识产权人才培养工作没有清晰明确的目标，同时也缺乏社会对复合型人才需求的深入研究。因此在课程设置上很容易出现“大杂烩”的现象，致使学生眼高手低、“高不成低不就”，对各方面知识有一定了解但又不够精通的现象突出。学校很难与企业进行对接，无法培养出满足社会与企业需求的人才，学生毕业就业专业不对口已经成为常态，给社会和人才发展都带来相当困扰。因此，缺乏明确的培养目标和清晰的核心课程体系会导致涉外知识产权人才培养难以取得相应成效，不利于培养满足社会需求的知识产权高等复合型人才，导致人才培养发展处于停滞状态。

（三）生源专业背景不足

从相关数据资料可以得知，美国作为知识产权强国，其国内上下开展精英式教育，只有获得学士学位的学生才可以报考知识产权专业。这一举措致使其在招生生源的质量上相对我国要好。美国学习知识产权专业的学生都具有一定的专业背景知识，在报考知识产权专业时，还能够根据自身的特长及兴趣爱好，选择未来的学习主攻方向，达到“术业专攻”的教育目的，相较于我国的“大杂烩”式教学，收到的教学效果相对更好。我国的知识产权专业教育虽然在专科阶段就能够进行，为学生拓宽了学习机会和途径，但与此同时在生源质量上却相对较差，包括专业背景、知识储备等等均存在一定不足。基于此，我国培养涉外知识产权专业人才有较大的难度。

（四）缺乏经验丰富的专业教师

受传统教育体制的影响，我国教师基本上都是在毕业之后直接进入学校任职，从事教育教学工作。虽然在校期间可能会进行一定的实践教育学习，但在现实中仍然缺乏实操经验，真正具备一线工作经验、实践操作技能十分熟练的教师占比较少，知识产权专业教师的状况更是如此。许多教师拥有法律专业背景，也就是“双师型”教师，但大多数只是通过了司法考试，知识结构较为单一，对经济以及管理相关专业知识较少涉猎，真正具备法学、经济学、管理学等专业素养的复合型教师可谓凤毛麟角。一些高校尝试通过聘请专业人才到校内兼职进行教学来弥补这一教育上的缺陷，但在实际工作中却很难实现“两全其美”。因为专业人才本身有自己的工作，并且工作较为繁忙，与专职教师存在很大程度的不同，难以将大量时间留给教学。而利用碎片化时间对学生进行零碎教学，讲解相关知识，又很难使学生的学习体系化并转化为自身能力，难以取得良好的效果。因此，对于高校涉外知识产权人才培养工作来说，只能将其视为一种辅助教学手段，还需要深入探究实际教学策略。

二、“一带一路”背景下涉外知识产权人才培养策略

在“一带一路”背景下，要想切实做好涉外知识产权人才培养，光靠学校努力是不够的，还需要一定的政策支持，从而在实践教学中摸索出可行性措施，建立完善人才培养的国际合作机制，达到各国对人才需求的标准。如何在“一带一路”背景下拓展我国与“一带一路”沿线国家高等教育交流与合作的空间，积极对知识产权人才进行培养，提升“一带一路”沿线国家高等教育的实际水平是现阶段应该重点考虑的教育难题。针对“一带一路”沿线国家涉外知识产权人才培养中遇到的困难和阻碍因素，应该尽快实行以下措施，以此来增进各国之间共同利益，提高我国国际地位。

（一）增加各国涉外知识产权人才培养的参与主体

首先，要增强政府宏观调控和市场调节的互动性。要想促进高等教育发展，第一步就要保证高等教育所需的各种资源，为其提供实施教育的空间和环境。因此，需要政府和市场共同对高等教育资源进行科学合理的配置，从而提升涉外知识产权人才培养的成功率。现阶段需要对市场机制进行充分完善，依靠价格、供求、竞争等来不断刺激各国之间的经济发展和贸易往来，增加相互联系和文化流动性，从而实现各国之间在经济和文化教育方面的有效联系。市场并不是自发形成的，需要各国共同引导和制约。政府需

要通过法律途径以及经济手段对各国高等教育交流合作进行总体引导和宏观调控，确保能够培养出满足国际合作交流需要的涉外知识产权专业人才，促进共同利益的提升。

其次，应该将自上而下模式与自下而上模式相结合。在保证自上而下进行引导式教育的前提下，与自下而上的模式相结合，充分调动各国企业、高校、教育机构积极参与到涉外知识产权专业人才的培养当中来。在教育交流合作以及共建的过程中，通过多种形式、多种渠道进行宣传宣讲，吸引更多具有复合知识背景的人才选择知识产权专业，有效提升生源质量。大力促进高校与企业之间的合作，为知识产权人才提供实践的空间和环境，促进高等教育进一步发展。

（二）增加各国之间涉外知识产权人才培养

要想更好地进行涉外知识产权人才培养工作，应该不断提升各国之间留学生群体的规模，提升留学生的质量。一方面，增强我国对“一带一路”沿线各国留学生的吸引力，提升外国留学生的数量和质量；另一方面，对“一带一路”沿线各国的留学生市场进行开发，提高我国赴国外留学学生的数量和质量，鼓励更多的留学生进行硕士以及博士阶段的学习。另外，国家应该出台相关政策给予高素质人才一定的福利政策和补贴待遇，加快培养国家战略急需人才，从而改变留学生以人文社会科学为主的专业格局。其他国家来我国的留学生也应该尽量选择我国具有相对优势的专业，从而提升双方留学生的质量；并将留学生的培养重点从知识教学转变到毕业就业方向上，提升留学生的满意程度，为其提供良好的就业前景。

（三）加强各国涉外知识产权人才培养交流

随着经济全球化深入发展，各领域合作扎实推进，各国之间的交流合作已经成为发展国际友好关系的重要因素。基于此，各国应该将创新教学目标、教学模式以及教学方法作为发展目标，促进合作的同时提升交流的层次，带动留学生之间的交流共建，共同提升高校的创新能力。打破西方国家的技术封锁，从而缩短“一带一路”沿线国家与发达国家之间的实力差距，实现共同发展。

综上所述,“一带一路”背景为涉外知识产权专业人才培养拓展了教育的空间和通道。需要在教育过程中充分尊重各国之间的文化差异,将高校作为培养知识产权人才的重要基地,促进资源倾斜,为其提供良好的教育环境,以期能够实现迅速发展,加快教学改革步伐,从而满足社会发展需求。

参考文献

1.包尚艳:《“一带一路”视域下对口中亚国家经贸人才培养的优化路径——以江苏省为例》,《黑龙江教育(高教研究与评估)》2022年第11期。

2.万勇:《建设涉外法律谈判人才队伍,应对知识产权国际合作与竞争》,《团结》2022年第1期。

3.雷勤颖:《加快知识产权强国建设背景下国际贸易专业人才培养模式探究》,《南昌师范学院学报》2020年第2期。

4.林森、李卓:《“一带一路”背景下涉外知识产权人才培养:要求、问题及完善》,《河南科技》2020年第24期。

建立防御商标制度的必要性分析与可行路径探索

自商标制度产生以来，商标权人对商标利用及商标权益最大限度保护的探索从未停止。但由于商标本身是一种市场公共资源，因此对商标权益的过度保护必然会损害正常的市场竞争秩序。在此背景下，商标权益的适当保护与商标合理使用边界的确定成为当代商标法关注的重点。本文将对防御商标制度建立健全的必要性进行分析，并对制度构建的具体路径进行探索，旨在对企业注册、使用防御性商标的行为进行规范，在遏制恶意抢注现象的同时，强化驰名商标的保护，实现商标资源释放与品牌经济高质量发展双赢。

一、我国防御商标的规制与保护现状

(一)注册申请现状

防御商标是指驰名商标权益人非以使用为目的在其他领域、行业注册的保护性商标，旨在防止他人跨领域、跨行业使用相同或近似商标标识，进而导致驰名商标与产品间一一对应关系被破坏。申请注册防御商标是当前企业实现品牌商标全面保护的重要路径。通过商标局官方网站对我国的知名商标进行检索可以发现，大部分知名企业都在主营领域之外注册了防御商标。但由于全类注册所需成本过高，因此注册满四十五类商品、服务项目的企业较少。以知名品牌华为为例，在其执照登记的生产经营范围之外，企业注册了大量相同或近似商标。

（二）效力存续现状

《商标法》第四十九条规定，连续三年不使用的注册商标，若无正当理由，任何单位或个人都可以对其申请撤销。换言之，商标在注册三年之内，效力存续状态并不会受此条的影响。因此，当企业注册防御商标成功后，若不存在法定商标无效情形，在三年期限届满前，商标权人的权利及商标的效力通常会较为稳定。由于企业注册防御商标的初衷是“防御”，而不是“使用”，故在商标注册三年后，防御商标会有被申请撤销的风险。但这并不意味着在三年期限届满后，所有的防御商标在被申请撤销时，都将失效。当防御商标所保护的基础商标的知名度达到一定程度时，基础商标的影响可以蔓延至防御商标，进而对其效力产生影响。当其他单位或个人企图以“连续三年不使用”为由撤销防御商标后再自行注册商标时，将受到驰名商标反淡化规则的阻碍。因此，知名度越高、影响力越大的商标受到《商标法》第四十九条的影响越小。根据《商标法》第三十九条规定，注册商标并非永久有效，其有效期限为十年。因此，十年是对防御商标效力存续状态有重大影响的另一个时间点。虽然《商标法》第四十条规定，有效期满的注册商标可以申请续展，但受到市场经济发展变化等因素的影响，并不是所有的防御商标在效力期限届满后都会被申请续展。如果企业未对防御商标进行续展，那么防御商标将失去效力。

二、构建防御商标制度的必要性分析

首先，构建防御商标制度是品牌强国建设背景下企业经营战略转型的必然选择。在经济发展模式不断变更的大背景下，品牌效应分析与品牌传播路径探讨已突破了传统营销学理念的局限，成为助推时代经济发展的强力新动能，强化品牌保护也成为当代企业经营战略转型的重要方向。从《商标法》等相关法律、规范来看，为了实现品牌的全面保护，现阶段企业有两条路径可以选择：一是申请认定驰名商标；二是尽可能全面地在其他行业领域注册相同或近似商标。对这两条路径进行比较可以发现，虽然认定驰名商标路径所面临的法律风险更小，但举证难度更大、投入成本更高，且即便被认定为驰名商标，也无法实现事前的有效预防，故大部分企业会选择程序更为简便、成本更为低廉的路径——申请注册防御商标来进行品牌全面保护。[①] 其次，构建防御商标制度是脱离当前司法纠纷困境的必然路径。虽然我国立法上尚未确立防御商标制度，但在司法实践中，围绕着防御商标产生的法律纠纷并不罕见。面对层出不穷的防御商标纠纷案件，不同法院对相关问题的判定并不相同，存在许多分歧。[②] 最后，构建防御商标制度是弥补现有驰名商标保护制度不足的必然措施。[③]

三、防御商标制度与现有规范存在的冲突

（一）防御商标制度与《商标法》第四条的冲突

《商标法》第四条对不以使用为目的的恶意商标注册申请行为进行了禁止。虽然正如前文所述，该规则设立的初衷并非禁止注册防御商标行为，但不可否认的是，在实践中防御商标的"非使用性"仍与《商标法》第四条恶意抢注行为规制规则存在一定冲突。究其根本，是由《商标法》第四条的"恶意"界定可以从截然不同的两个角度进行理解造成的，即不同学者对"非以使用为目的"是否属于恶意抢注行为的"恶意"存在着不同的看法。有的学者认为，"非以使用为目的"并不属于《商标法》第四条规定的"恶意"。根据《商标法修改相关问题解读》，《商标法》2019 年修正的目的在于打击恶意抢注商标行为，即"傍名牌"、囤积牟利转让等行为。因此，从目的解释角度来看，并非所有的非使用目的均构成"恶意"，更不应将"恶意"简单地解释为非使用目的。"恶意"一定程度上是非使用目的的限制定语，即只有恶意的非

① 参见韩影、沈思达：《强化使用义务背景下防御商标现有困境与对策》，《河南司法警官职业学院学报》2024 年第 2 期。

② 参见林韶：《比较法视角下防御商标制度的审视与镜鉴——以驰名商标保护模式之完善切入》，《中华商标》2022 年第 8 期。

③ 参见郭美君：《防御商标制度研究》，《中华商标》2022 年第 7 期。

使用目的申请应被驳回。也有的学者认为，当申请人主观上无使用商标的目的时，即构成恶意。其认为《商标法》第四条是诚实信用原则在商标法领域的具体体现，从严格意义上讲，只有以直接使用为目的的商标注册才符合诚实信用原则的基本要求。①

笔者认为，从主观上看，实践中申请人注册商标的目的千差万别，除了直接使用外，防御、投资、储备等都是常见的商标注册目的。因此，将非直接使用目的之外的其他目的均划入恶意之中，无疑是片面且不合理的。退一步讲，即便防御、投资、储备目的不符合诚实信用原则，也绝对难以划入“恶意”的主观范畴之中。此外，从 2019 年《商标法》的修订过程来看，第四条最初的表述中仅有“不以使用为目的”，并没有“恶意”，而正式稿中却增加了“恶意”，一定程度上反映了立法者承认了并非所有的“不以使用为目的”的商标注册行为均是恶意的。故在对《商标法》第四条进行理解时，应先判断申请人的注册商标行为是否具有使用目的，如无使用目的，再判断其是否具有恶意，如果具有恶意，其申请才应被驳回。

（二）防御商标制度与《商标法》第四十九条的冲突

《商标法》第四十九条第二款规定，注册商标如果连续三年未实际使用且无正当理由，可被申请撤销。该条的立法初衷在于避免商标标识资源的空置与浪费，即旨在打击囤积商标行为。虽然《商标法》第四十九条第二款并非为了打击注册防御商标行为，但防御商标不可避免地受到一定的影响。在实践中，申请撤销主体通常是企图通过适用《商标法》第四十九条第二款来达成合法使用已具有一定商业经济价值的商标标识的目的。因此，因三年未实际使用被申请撤销的对象往往是已具有一定知名度的商标或驰名商标的防御商标，而无太大经济价值的被囤积商标反而受到的影响较小。有学者主张，可以将防御商标纳入“正当理由”的范围，从而化解防御商标注册、使用与《商标法》第四十九条的冲突。从 TRIPS 协议第十九条来看，注册

① 参见林韶：《从“科斯定理”到“波斯纳定理”：防御商标制度构建的法经济学解读》，《福建金融管理干部学院学报》2022 年第 1 期。

商标未实际使用的正当理由需要同时满足两项基本要素:一是导致注册商标未实际使用的原因是客观原因;二是该原因可以阻却所有可以实际使用商标的可能。我国《商标法实施条例》第六十七条将《商标法》第四十九条的“正当理由”进一步细化解释为四种具体类型,但本质上与TRIPS协议的“客观性”与“阻碍全部可能”并无不同。此外,最高人民法院印发的《关于审理商标授权确权行政案件若干问题的意见》中也强调了“正当理由”的两大构成要素,同时指出,商标权人主观上应具备使用该商标的真实意图且为商标的实际使用进行了必要的准备。因此,笔者认为,并不能通过将防御商标纳入“正当理由”范围的方式化解防御商标注册、使用与《商标法》第四十九条的冲突。首先,并不是政策调整、不可抗力等客观因素造成了防御商标未实际使用。其次,防御商标也并非无实际使用的可能。最后,商标权人注册防御商标通常没有实际使用该商标的真实意图,更无进行真实使用该注册商标的准备。故除非立法机关或司法机关对现有规范进行修订,将防御商标明确列为“正当理由”的具体情形,否则难以化解当前的实际矛盾。

四、我国构建防御商标制度的具体展开路径

(一)厘清防御商标的注册要件

1.注册主体

由于防御商标与基础商标之间存在着依附与被依附的关系,故防御商标的注册主体应与基础商标的注册主体保持一致,否则极易导致防御商标脱离原本的与基础商标的依附关系,造成商标权利混乱。因此,当申请人申请注册防御商标时,除了应提供防御商标的图样等材料外,还应提供基础商标的相关材料与信息,从而保障防御商标注册申请人与基础商标权利人相符。

2.注册条件

防御商标注册条件的设置与市场各方主体的利益均有极为密切的关系。如果防御商标注册条件设置得过于严苛,将会过度限缩制度的适用范围,使制度难以发挥出应有的作用。如果防御商标注册条件设置得过于宽

松，又会对基础商标形成过度保护，干扰正常的市场竞争秩序。因此，防御商标注册条件的设置会对制度的正当性与合理性产生直接的影响，需要审慎对待。从域外立法经验来看，虽然有的国家（例如日本）认为基础商标需为驰名商标才能注册防御商标，而有的国家（例如澳大利亚）认为基础商标无须达到驰名商标标准也可注册防御商标，但都对基础商标的知名度进行了限定，即只有达到一定知名度的商标才可以注册防御商标。笔者认为，在我国构建防御商标制度时，也应对注册防御商标设置一定的基础商标知名度条件。结合我国当前的实际状况，宜先将防御商标的注册条件设置成基础商标为驰名商标。一方面，如果不对防御商标的注册条件加以限制，赋予所有商标注册防御商标的权利，必然会导致现有的一系列打击恶意抢注、囤积商标行为的规则空置，实践中将出现大量假借注册防御商标之名，行恶意抢注、囤积商标之实的现象；另一方面，注册防御商标本质上是一种降低商标混淆或淡化风险的预防性手段，因此防御商标制度的正当性源自风险预防的必要性。鉴于商标标识的市场资源属性，目前尚无赋予非驰名商标跨类保护的必要，故也无赋予其注册防御商标权利的必要。此外，以驰名商标作为防御商标注册的约束要件，更便于实践操作。如果将申请注册防御商标的条件规定为基础商标达到一定知名度，而非达到驰名商标标准，那么申请注册防御商标又将面临如何确定知名度标准的难题。

（二）构建防御商标的效力规则

1.权利范围

通常普通商标的权利范围包括使用权与禁止权两大方面：前者是指商标权人在该商标的注册类别范围内，有在商品或服务上使用该注册商标的权利；后者是指商标权人在该商标的注册类别范围内，同时具有禁止他人在相关商品或服务上使用与该注册商标相同或近似标识的权利。如果他人在相关商品或服务上使用了相同或近似的商标标识，将构成侵权。与普通商标不同，防御商标的注册目的在于“防御”，而非“使用”，因此对其禁止权的权利范围探讨更为重要，本文将根据防御商标是否实际使用展开具体讨论。

从商标权利保护的基础理论——混淆理论来看，未实际使用的防御商标并不具有区分与识别商品及服务的作用。当他人在类似商品或服务上使用与防御商标近似的商标标识时，消费者也不会产生主观上的混淆。故针对未实际使用的防御商标，其禁止权的权利范围应与该商标的实际功能范围保持一致，应限制在防御商标被批准使用的商品或服务类别之内，不应任意扩张，即基础商标可以通过注册防御商标的方式强化其权利的行使，而不能通过注册防御商标的方式扩大其权利的范围。此外，企业在注册防御商标时，通常也不会仅仅注册一个，而是会在多个商品或服务类别上注册多个相同或近似的防御商标，如果防御商标禁止权的权利范围可以及于核定注册类别之外，无疑会导致不同防御商标间禁止权的权利范围重合，造成资源浪费。

虽然企业注册防御商标的初衷在于“防御”，但并不意味着防御商标并无实际使用的可能。在企业的实际运营过程中，防御商标在注册后被实际使用的情况并不鲜见。对于已实际使用的防御商标，其已具备了与普通商标相同的区分与识别功能，因此其权利范围，特别是禁止权的权利范围应与普通商标的权利范围相一致，即应将类似商品或服务也划入权利范围之中。

2.效力变化

由于驰名商标并非商标的具体类型，本质上是商标处于的某种事实状态，故其效力也随着商标知名度的变化而处于变化之中。基于自身所具有的依附属性，防御商标的效力也不是一成不变的，而应与基础商标的知名度与效力变化相一致。在发生商标权益纠纷后，若基础商标知名度下降，无法再维持驰名商标效力，那么依附于基础商标进行注册的未实际使用的防御商标也可以被申请撤销，从而维持市场各方主体权益的动态平衡。但如果防御商标已被实际使用，其效力的维持将不再完全依赖于基础商标。换言之，驰名商标在转化为普通商标后，未实际使用的防御商标与已实际使用的防御商标的效力受到的影响并不相同，应分别进行讨论。

（三）缓解防御商标与现有法律、规范的冲突

由于防御商标与《商标法》第四条规定的“非使用目的的恶意注册”及第四十九条规定的“撤三制度”均存在着一定的冲突，因此在构建防御商标制度

时，还要做好与现有法律、规范的调试，缓解法律适用冲突。具体来说，首先，应通过立法或司法解释的方式，将防御商标排除在第四条规定的非使用目的恶意注册情形之外。其次，应在现有法律、规范中将注册防御商标明确增设为未实际使用的正当理由，从而降低《商标法》第四十九条对防御商标的影响。最后，应通过完善防御商标注册、存续条件等方式，进一步缓和防御商标保护与商标资源浪费的矛盾，避免商标权人滥用防御商标制度，破坏正常的市场经济秩序。①

五、结语

防御商标制度起源于域外，是当代企业降低品牌商标“山寨”风险、减少品牌商标维权成本的重要路径。虽然我国尚未建立防御商标制度，但实践中企业通过注册防御商标实现品牌全方位保护的现象比比皆是，同时，因防御商标产生的司法、行政纠纷也日趋增多，在此背景下，建立防御商标制度已成为我国商标法建设的必然选择。因此，有关部门应对防御商标的注册主体、注册条件及商标的效力等问题予以明确，并做好防御商标保护与防止商标资源浪费的平衡。

① 参见张一泓：《强化使用义务背景下的防御商标制度研究》，《河南广播电视大学学报》2020年第2期。

我国驰名商标反淡化保护的实践困境与多角度应对

商标作为消费者进行商品或服务识别的重要依据，被赋予了越来越高的经济价值与社会价值。与一般商标相比较，驰名商标的知名度更高、识别性更强，因此其价值属性也更为明显。在品牌经济高速发展的今天，不可忽视的是品牌经济效应背后所引发的一系列社会、法律问题，亟待立法与司法予以回应，从而对商标，特别是驰名商标，形成有效、完善的保护。除了混淆侵权外，驰名商标还面临着淡化侵权的问题，但由于规范供给不足，导致了现阶段驰名商标反淡化保护仍存在着诸多实践困境。故值此《商标法》修订之际，本文欲对驰名商标反淡化保护进行探析，旨在进一步完善我国的驰名商标反淡化法律保护体系。

一、驰名商标反淡化保护的理论溯源

(一)驰名商标淡化与反淡化保护的内涵

商标混淆理论是传统商标保护展开的基础，旨在防止消费者因侵权人在相同或相似领域使用相同或相近商标而对商品或服务产生错误的认知，即主要是在消费者权益保护的角度强调与保护了商标的识别功能、显著特征。当非商标权人企图借助他人商标之影响在其他领域实施不当的商标使用行为时，虽然不会使消费者主观上产生错误的认知，但会对商标及与其对应的商品或服务间的唯一关联性关系造成破坏，甚至可能会使商标的经济价值与社会价值遭受损失。此时如仍仅依赖商标混淆理论，无疑难以对类似行为进行有效规制，故商标淡化理论应运而生。例如某知名牛奶品牌，如果将其应用于卫生清洁产品领域，并不构成商标混淆，但必然会对原商品造成一定的负面影响，因此只有借助于商标淡化理论才能进行有效应对。由于商标淡化理论突破了相同或近似的商标使用领域限制，极大地扩张了商标权利的范围，因此也可能对商业标识资源自由使用造成不当限制，故在对其进行反淡化保护时应将保护边界限制在驰名商标的范围之内。①

（二）驰名商标淡化的表现形式

虽然当前驰名商标淡化侵权手段日趋复杂、多元，但根据其外在表现形式的不同，可以分为如下几种常见形式：

1.弱化

驰名商标的弱化是指非商标权人在其他商品或服务上使用与驰名商标相同或相似的标识，使消费者在选择商品或服务时产生非混淆性联想，从而打破驰名商标与其对应商品或服务间的特定联系。例如将某电器驰名商标用于某文具商品上，使消费者在看到该商标时，不再仅联想到商标原对应的电器商品。随着商标与原电器商品间联系的弱化，该驰名商标将逐渐丧失其强识别性，甚至可能沦为经济与社会价值较低的普通商标。由于驰名商标与其对应商品或服务间的特定联系凝结了企业大量的成本投入，因此当这种特定联系被弱化或破坏时，会对驰名商标及其权利人造成巨大的伤害。②

2.丑化

与弱化不同，驰名商标的丑化并不会削弱驰名商标与原商品或服务间的特定联系，但是会使消费者对该驰名商标产生负面的联想。例如，当非商

① 参见万超：《“淡化式侵权”的法律适用及救济》，《电子知识产权》2024 年第 4 期。

② 参见张伟君：《论我国〈商标法〉驰名商标保护规则的完善》，《知识产权》2023 年第 9 期。

标权人将与某婴儿食品驰名商标相同或相近的标识运用在动物饲料上时，虽然不会让消费者将动物饲料误认为是由该婴儿食品企业生产的，但会使消费者在看到该商标时联想到动物饲料。由于在社会传统观念下，动物饲料不能被人食用，故长此以往，原婴儿食品的品牌形象将会受到不利影响。

3.退化

退化是指驰名商标因被过度使用、无限制滥用等丧失了原有的显著特征。例如，吉普原本为某车辆商品的商标，但目前已成为一类车辆商品的通用名称，丧失了原有的经济与社会价值。与前两种驰名商标淡化典型表现形式不同，退化并不是因驰名商标在其他非竞争性领域被不当使用造成的，而是驰名商标在相同领域商品上无限制滥用造成的。但这并不意味着退化对驰名商标的影响较小，恰恰相反，驰名商标的退化对其价值影响最为显著，甚至可能会使商标的经济价值完全丧失。

（三）驰名商标反淡化保护的意义

1.弥补了传统商标保护理论的不足

正如前文所述，混淆理论是传统商标保护的理论基础，强调了商标与商品或服务间的特定联系，旨在预防消费者对商品或服务的具体来源产生主观误解。淡化理论突破了混淆理论适用于相同或近似领域的限制，更多强调的是商标与商品或服务间的唯一联系，保护的重点也由消费者转向了商标权人。因此淡化理论的提出与驰名商标反淡化保护路径的探索弥补了传统商标保护理论的不足，进一步拓展了商标保护的研究范围。

2.兼顾了不同民事主体的利益保护

虽然混淆理论下的商标保护在保护消费者权益的同时，也侧面实现了对商标权人合法权益的保护，但由于混淆理论自身的局限性，致使对商标权人合法权益的保护并不充分。驰名商标的反淡化保护研究，对非竞争领域驰名商标的不当使用行为进行了规制，更好地保护了商标权人的利益。同时，对驰名商标的商标权人的保护，客观上也避免了商标不当使用行为对消费者的迷惑与影响，降低了消费者的选择成本。因此，驰名商标的反淡化保护兼顾了不同民事主体的利益。

3.维护了市场的公平与秩序

一方面，驰名商标之所以有较高的经济价值与社会价值，离不开企业的努力经营与巨大投入。如果不对驰名商标淡化行为予以规制，那么在对商标权人正当竞争权利造成损害的同时也会扰乱市场的正常秩序，故对驰名商标进行反淡化保护有利于维护市场的公平与秩序。另一方面，商标作为一项市场资源，如果对其施以过度保护也会增加商标权人滥用权利的风险。因此，仅对驰名商标的淡化行为进行规制可以更好地推动市场形成良性竞争。

二、我国驰名商标反淡化保护的立法现状与实践困境

（一）我国驰名商标反淡化保护的立法现状

驰名商标的跨类保护立法尝试始于2001年《商标法》第十三条第二款，但在立法之初，该条并未跳出混淆理论的窠臼，从"误导公众"之表述外观上看，该条只是将混淆情形范围进行了扩大，即增加了"跨类混淆"规制情形。在2009年《最高人民法院关于审理涉及驰名商标保护的民事纠纷案件应用法律若干问题的解释》（以下简称《驰名商标解释》）第九条第二款将商标显著性减弱与声誉贬损等情形也划入了"误导公众"的范围后，才使2001年《商标法》第十三条第二款成为真正意义上的驰名商标反淡化保护规范准则。之后《商标法》与《驰名商标解释》虽然几经修订，《商标法》第十三条也增加了新的内容，但驰名商标反淡化相关内容并未发生实质改变，只是移至了第三款，故当前驰名商标反淡化保护的规范依据仍为《商标法》第十三条第三款与《驰名商标解释》第九条第二款。

（二）我国驰名商标反淡化保护的实践困境

虽然《驰名商标解释》通过扩大解释"误导公众"情形的方式，将驰名商标淡化行为纳入了《商标法》的规制范围，但不可否认的是，现有规范仍过于简单笼统，存在着明显的规范供给不足问题，导致了驰名商标反淡化保护实践中面临着诸多困境。

1.驰名商标淡化与混淆难以准确界定

虽然从理论上看,驰名商标淡化与驰名商标混淆应为两种不同的商标侵权行为,但由于规范的缺失,导致司法实践中难以对商标淡化与商标混淆行为进行准确界定。有的法院认为,非商标权人的侵权行为可以同时构成驰名商标的混淆与淡化,即《商标法》第十三条第三款中同时包含了驰名商标混淆与驰名商标淡化两种情形。也有的法院认为驰名商标淡化需要以消费者产生混淆为前提,即只有非商标权人的侵权行为让消费者产生了主观上的认识错误,才能探讨该行为是否构成商标淡化。

2.尚未形成统一的驰名商标淡化具体判定标准

从《商标法》第十三条第三款与《驰名商标解释》第九条第二款条文本身来看,构成驰名商标淡化需要同时满足以下几个条件:首先,该驰名商标需已在我国完成注册,针对未注册驰名商标,我国的具体保护路径仍主要是围绕着混淆理论展开。其次,系争商标与驰名商标应被使用在不同领域的商品或服务上,两种商品或服务间不存在市场竞争关系。再次,系争商标需与驰名商标之间存在着复制、模仿及翻译等关联关系,即系争商标与驰名商标的标识是相同的,或存在着较高的相似性。最后,系争商标对驰名商标实施的复制等前款所列行为会导致公众被误导,同时可能会造成驰名商标之商标权人利益遭受损害。虽然立法为驰名商标淡化的判断提供了大体上的方向,但由于规范本身较为笼统,例如如何认定系争商标与驰名商标的关联程度等规范本身并未予以明确,故司法实践中尚未形成统一的驰名商标淡化判定具体标准,不同法院的实际操作差异性较大。[①]

3.驰名商标反淡化保护的边界模糊

由于我国尚未形成统一的驰名商标淡化判定标准,有的法院对驰名商标予以过于严格的保护,也有的法院对驰名商标予以过于宽松的保护,故实践中还存在着驰名商标反淡化保护边界模糊的问题。正如前文所述,商标资源也是市场资源的重要构成,因此驰名商标的保护本质上涉及多方主体

---

① 参见钱光文、叶菊芬:《驰名商标反淡化保护的标准》,《人民司法》2023年第8期。

的利益冲突与平衡。如果对驰名商标疏于保护，可能会使驰名商标的经济价值与社会价值受损，进而打击企业品牌建设的积极性。如果对驰名商标予以过度保护，又可能促使其所在企业形成市场垄断，损害其他市场竞争者的合法权益。故驰名商标反淡化边界的模糊在一定程度上增加了不同主体利益保护失衡的风险。

三、我国驰名商标反淡化保护实践困境的应对路径

（一）我国驰名商标反淡化保护实践困境的立法应对

对当前驰名商标反淡化保护困境进行梳理，可以发现本质上是规范供给不足造成的，故立法机关应针对现有问题进一步完善我国的驰名商标反淡化保护法律体系，从而从根本上化解驰名商标的反淡化保护困境。

首先，应明确驰名商标淡化的内涵，从而实现驰名商标淡化与混淆的有效界分。“误导公众”这一表述方式天然与“混淆”具有高度的表述重合性。虽然 2016 年 12 月修订的《商标审查及审理标准》对“混淆”与“误导”进行了区分，但由于《商标法》等相关法律规范中，“误导公众”最初也是围绕着混淆理论展开的，故以“误导”替代“淡化”的表述方式，不利于驰名商标反淡化保护工作的具体展开。其次，应进一步统一驰名商标淡化的具体判定标准。由于现有规范较为笼统，有关部门应围绕着《商标法》与《驰名商标解释》中规定的四大淡化构成基本要件，进行规则的细化。① 再次，应对驰名商标的反淡化保护边界予以明确，在完善相关保护规则的同时也应明确一定的例外情形，从而平衡不同主体间的利益冲突，更好地维护市场的竞争秩序。最后，还应进一步厘清侵权人的法律责任。驰名商标淡化行为在初期并不会对商标权人造成明显损害，但如果放任不管，将会造成不可逆的巨大损失，因此利用传统的商标侵权追责模式对淡化行为进行规制，无法对商标权人形成有效保护。

---

① 参见钱光文、叶菊芬：《驰名商标反淡化保护的司法认定——华润怡宝饮料（中国）有限公司诉上海洁士宝日化集团有限公司侵害商标权及不正当竞争纠纷案》，《中华商标》2023 年第 2 期。

（二）我国驰名商标反淡化保护实践困境的执法应对

执法部门一方面应全面提升执法能力，对商标淡化行为形成有效管控；另一方面也应通过宣传教育等方式提高商标权人的自身淡化风险防范意识。驰名商标在遭受淡化侵权后，商标权人即便赢得了诉讼，也难以恢复商标原本具有的经济价值与社会价值，因此在驰名商标反淡化保护体系的构建中，事前的防范要比事后的责任承担更为重要。

（三）我国驰名商标反淡化保护实践困境的司法应对

在当前反淡化立法较为笼统简单的背景下，不同法院对驰名商标淡化的理解并不相同，这造成了大量的同案异判现象，因此，为了进一步维护司法的公正性与权威性，最高法应通过指导案例、司法解释等方式，对现有规则进行细化，形成统一的裁判标准。在具体标准的制定过程中，除了要对已有案例进行充分梳理、总结外，还应与知识产权局、商标局等相关部门进行充分沟通交流，从而确保标准的客观、合理。

四、结语

与域外相比较，我国的驰名商标反淡化保护体系建设尚不成熟，仍处于初级探索阶段，故现有规范与日益增多的商标淡化纠纷相比，呈现出明显的供给不足的问题。从国际立法趋势来看，对驰名商标进行反淡化保护已成为未来《商标法》发展的必然方向。因此，为了更好地适应国际与国内立法走向、经济发展形势，我国应进一步完善驰名商标反淡化保护体系，从立法、执法与司法等多个方面实施有效举措。

含外国国名商标审查审理的驳回与例外情形

《商标法》第十条第一款第二项明确规定，同外国的国家名称、国旗、国徽、军旗等相同或近似的，不得作为商标注册和使用。《商标审查审理指南》（以下简称《指南》）中指出，外国的国家名称包括中文和外文的全称、简称和缩写。另外，《商标法》第十条第一款第七项规定，带有欺骗性，容易使公众对商品的质量等特点或产地产生误认的，不得作为商标注册和使用。《指南》中对此项条款中包含国名易导致误认的情形作出如下解释：标志包含国家名称，但申请人并非来自该国，使用在指定商品上，容易使公众对商品的产地产生误认。

依据上述条款和规定，实际审查审理中关于包含外国国名商标的驳回与例外情形有以下几种：

一、同外国的国家名称相同或近似的情形

1.如若所申请注册的标志完整包含外国国家名称的中文、外文的全称、简称或缩写，或者其外文含义为外国国家名称的，应认为其违反了《商标法》第十条第一款第二项规定。

例如，某申请人在35类上申请注册“FRANCE PAVILION”商标（见图

4-46)，该图样中虽将法国国名的英文名“FRANCE”中的字母“A”艺术化，以巴黎埃菲尔铁塔图像代替字母“A”，但仍然能够显著识别出为“FRANCE”一词，因此审查审理中判定为该标志明显包含法国国名的英文名“FRANCE”，适用《商标法》第十条第一款第二项予以驳回。

图 4-46 “FRANCE PAVILION”商标

又如，某申请人在 9 类上申请注册的“NIHON”商标（见图 4-47）。该标志中的“NIHON”为“日本”的日语读音（にほん）演化而来的音译词语，现多用来代指“日本”，常用词有日本大学（Nihon University）、日本福祉大学（Nihon Fukushi University）等。因此可判定该标志中的外文词语为“日本”，属于完整包含外国国家名称的情形，适用《商标法》第十条第一款第二项予以驳回。

图 4-47 “NIHON”商标

2.如若所申请注册的标志中与外国国家名称的中文、外文高度近似，也应适用《商标法》第十条第一款第二项予以驳回。例如，某申请人在 25 类上申请“RUSSINN”商标（见图 4-48），该标志中的“RUSSINN”与俄罗斯国家名称“RUSSIA”高度近似，适用《商标法》第十条第一款第二项予以驳回。

图 4-48 “RUSSINN”商标

二、包含国家名称易产生误认的情形

如若所申请注册的标志中包含国家名称，但申请人并非来自该国，使用在指定商品上，容易使公众对商品的产地产生误认，应适用《商标法》第十条第一款第七项予以驳回。

例如，来自我国的某申请人在 21 类上申请注册的“日本 MADE IN JAPAN”商标（见图 4-49）。

首先，该标志中完整包含了“日本”字样，与日本国家名称相同；其次，该标志中所包含的“MADE IN JAPAN”可译为“日本制造”，但申请人并非来自日本，容易使公众对商品的产地产生误认。因此，适用《商标法》第十条第一款第二项、第十条第一款第七项予以驳回。

图 4-49 “日本 MADE IN JAPAN”商标

又如，我国某申请人在 5 类上申请注册的“VITA SANA MADE IN ITALY”商标（见图 4-50）。同样，首先该标志中完整包含了“ITALY”字样，与意大利国家的英文名相同；其次，该标志中所包含的“MADE IN ITALY”可译为“意大利制造”，但申请人并非来自意大利，容易使公众对商品的产地产生误认。因此，适用《商标法》第十条第一款第二项、第十条第一款第七项予以驳回。

图 4-50 “VITA SANA MADE IN ITALY”商标

三、可不予驳回的例外情形

1.经该国政府同意的

经该国政府同意，且申请人已经提交经该国政府同意的书面证明文件；或申请人在相同或类似商品、服务上，在该国已经获得注册的，视为该国政府同意。

例如，由日本文化厅长官代表的日本政府申请注册的“日本博 JAPAN CULTURAL EXPO”商标（见图 4-51）。该标志虽完整包含了“日本”“JAPAN”国名，但经核查，所申请商标是由日本文化厅用于 2019—2021 年日本文化博览会活动，其申请注册、领土延伸均经过日本政府同意，且申请人提交了该商标在本国的注册证明原件及翻译件，证明其已在日本获得基础注册，因此不违反我国《商标法》第十条第一款第二项规定。

图 4-51 “日本博 JAPAN CULTURAL EXPO”

但外国政府明确表示在本国注册不视为授权的，或对授权有其他明确要求的，不当然视为外国政府同意。目前属于此类情形的有瑞士。

与其他国家不同，瑞士政府通过公函明确声明，包含其“瑞士”国名的商标提供政府的书面授权材料，才视为同意其作为商标使用，在本国的基础注册不视为授权。因此，标志中包含“瑞士”“Switzerland”“Swiss”等，除提供了瑞士政府的书面授权材料外，均应适用《商标法》第十条第一款第二项予以驳回。

2.具有明确其他含义且不会造成公众误认为国名的

例如，某申请人在15类“乐器；钢琴”上申请注册的“FRANK”商标（见图4-52），该标志中的“FRANK”虽然与法国国名“FRANCE”相差两个字母，但其作为英文单词具有“坦白的、真诚的”含义，也常用作英文人名“弗兰克”，可以将其与国名作出区分，一般情况下不易导致公众误认成法国国名。

又如，某申请人在9类“发电用太阳能电池板”上申请注册的“SPAN”商标（见图4-53），该标志中的“SPAN”虽然与西班牙国名“SPAIN”相差一个字母，但其作为英文单词具有“跨度、跨距”之意，也可以与外国国名作出区分，一般情况下不易使公众误认成西班牙国名。

FRANK
弗兰克

图4-52 “FRANK”商标

SPAN

图4-53 “SPAN”商标

因此，在实际审查审理中，上述类似案例一般不适用《商标法》第十条第一款第二项禁用条款驳回，如无他人在先权利障碍，属于可准予初步审定的例外情形。

3.同外国国名的旧称相同或近似的

天竺
TIAN ZHU

图4-54 “天竺”商标

如果申请人申请注册的标志包含了外国国名的旧称，例如在6类“普通金属合金”商品上申请“天竺”商标（见图4-54），在11类“车灯、安全灯”商品上申请“天竺照明”商标（见图 4-55）。

又如，在 29 类“水果罐头、加工过的坚果”商品上申请“花旗”商标（见图 4-56），在 5 类“婴儿食品、动物用膳食补充剂”商品上申请“花旗生物”商标（见图 4-57），在 41 类“摄影、戏剧制作”服务项目上申请“花旗影视”商标（见图 4-58）。

图 4-55 “天竺照明”商标

图 4-56 “花旗”商标

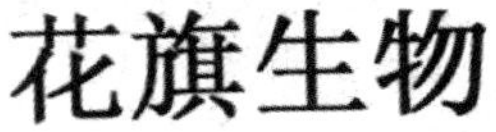

图 4-57 “花旗生物”商标

图 4-58 “花旗影视”商标

以上案例中的“天竺”是古代中国及东南亚国家对当今印度的称呼，“花旗”是美国国旗的旧称，后也有称美国为花旗国。由于两个词语为国名的旧称，在历史发展和使用中已经逐渐泛化，并非特指国名，因此，在实际审查审理中通常也不适用《商标法》第十条第一款第二项。

但如果使用在特定商品上容易使公众发生商品产地误认的，适用《商标法》第十条第一款第七项予以驳回。

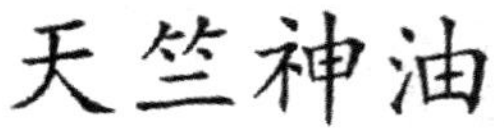

图 4-59 “天竺神油”商标

例如，某申请人在 5 类相关商品上申请注册的“天竺神油”商标（见图4-59）。如前所述，“天竺”为印度的国名旧称。由于印度草药资源丰富，印度古代医学家和草药师使用独特配方和制造工艺研究制造出“印度神油”，功效独特，被世界广泛熟知。因此如果申请在相关商品上，易使公众对该商品的产地产生误认，应适用《商标法》第十条第一款第七项予以驳回。

4.由两个或两个以上中文国名简称组合而成，且不会使公众发生商品产地误认的

例如，在19类“石膏、建筑玻璃”商品上申请“德意”商标（见图4-60），在16类“绘画支架、模型材料”商品上申请“德意胶带”商标（见图4-61），在28类“游戏机、玩具、棋”商品上申请“中法”商标（见图4-62）。

德 意

图4-60 “德意”商标

图4-61 “德意胶带”商标

图4-62 “中法”商标

以上案例中虽然由两个国家的中文国名简称组合而成，但在中文使用过程中一般不会一一对应为两个国家的国名，且结合指定使用的商品，不会使公众发生产地误认，此类情形也不违反《商标法》第十条第一款第二项、第十条第一款第七项的规定。

但如果使用在特定商品上容易使公众发生商品产地误认的，适用《商标法》第十条第一款第七项予以驳回。

例如，在33类“葡萄酒、白兰地”商品上申请“法美”商标（见图4-63）。法国是世界著名的葡萄酒产地，生产葡萄酒历史悠久，有多个闻名遐迩的葡萄酒产区。因此，该标志中虽然可以认为其包含的是法国、美国的中文国名简称，但由于法国盛产葡萄酒，易使公众对其产地产生误认，应适用《商标法》第十条第一款第七项予以驳回。

法美

图4-63 “法美”商标

5.所含国名与其他具备显著特征的标志相互独立，国名仅起真实表示申请人所属国作用或与其他叙述性语言一起真实表示指定商品或服务有关特点的

例如，法国申请人在32类上申请注册的“CREATED BY MAISON

PERRIER FRANCE"商标(见图 4-64)。

该标志中虽完整包含了法国国家名称"FRANCE",但同时包含了具有显著特征且与国名相互独立的"MAISON PERRIRE"部分,申请人指定使用在 32 类"矿泉水(饮料)、气泡水、无酒精果汁"等商品上,可认定为"FRANCE"在此标志中仅起真实表示申请人所属国或商品来源的作用,因此不属于违反《商标法》第十条第一款第二项规定的情形。

图 4-64 "CREATED BY MAISON PERRIER FRANCE"商标

又如,某申请人在 43 类上申请注册的"樱洛食客日本料理"商标(见图 4-65)。该标志中虽完整包含了日本国家名称"日本",但与其他词语组合而成,主要构成部分可识别为"樱洛食客日本料理",且该申请人指定使用在 43 类"日式料理餐厅、寿司餐馆服务"等服务项目上,此种情形可判定为所含国名与其他叙述性语言一起真实表示指定商品或服务特点,亦不属于违反《商标法》第十条第一款第二项规定的情形。

图 4-65 "樱洛食客日本料理"商标

综上,以外国国家名称作为商标申请注册的驳回和例外情形较为复杂,在实际审查审理中,需结合申请人、指定商品和服务项目以及标志整体含义等进行综合研判,申请人申请注册商标时应避免上述明确规定的禁用情形,严格遵守《商标法》关于包含外国国名申请注册商标的相关规定。

引导企业加强商标国际注册
积极布局海外市场

自《知识产权强国建设纲要（2021—2035 年）》和《“十四五”国家知识产权保护和运用规划》发布以来，我国已经将知识产权保护与商标品牌建设工作提升到前所未有的高度，提出加强商标品牌资产管理，支持开展商标海外布局，培育具有市场竞争力、国际影响力的知名国际品牌等一系列要求。鉴于国际品牌培育依赖国际商标的注册、运用与管理，本文就商标国际注册的必要性、途径以及我国商标国际注册面临的问题与对策展开思考。

一、商标国际注册的必要性

（一）商标具有三个特征

在我国，商标需经注册取得且具有法定程序性。目前，在世界范围内，大多数国家实行商标注册取得原则。因此，获得商标专有权，申请人必须以完成商标注册为前提。

商标具有专有性特征。商标获准注册后，持有人将与该商标建立固定联系，在其指定商品和服务项目上，成为其专有权利人。注册人有权禁止他人未经许可擅自在同一种或类似商品上使用与其注册商标相同或者近似的商标。

商标具有地域性特征。地域性是指商标作为一种专有权受到地域限制，其效力作用于申请注册的国家或地区范围内。对于我国申请人及市场主体来说，在我国商标主管机关申请注册的商标，仅在我国受到法律保护，而在其他国家或地区不享受法律保护。因此，如果在其他国家或地区获得商标专用权，就必须进行商标国际注册。

（二）商标存在被抢注风险

因商标具有地域性特征且遵循“注册在先”原则，如果申请人不及时在其他国家或地区进行商标注册，那么容易遭到他人恶意抢注，在拓展海外市场时举步维艰，丧失主动权。我国众多知名商标、老字号在海外被抢注的案例数不胜数，而维权之路漫长艰辛，一旦被抢注，就要付出惨痛的代价。

联想“Legend”商标曾被100多家公司在海外抢先注册，谈判与赎买艰辛烦琐，最终不得不更换商标为“Lenovo”，而此时联想“Legend”已沿用近20年，价值约200亿元。商标遭他人抢注，使用者不仅面临侵权风险，也会面临高额赎金和漫漫谈判之路，最终只能更换商标标识，付出重塑品牌的巨大代价。在“王致和”海外侵权案中，“王致和”商标在德国被抢注，历经两年多诉讼，才得以物归原主。此案是国内企业海外侵权胜诉的一大案例，王致和集团虽然胜诉，却仍付出维权时间与经济成本的双重代价。除此之外，我国诸多知名商标或老字号，如“大白兔”“英雄钢笔”“洽洽”“狗不理”等都在多国遭到过抢注。

根据中华商标协会海外维权委员会发布的《中华商标协会会员企业2020年度国际商标监测预警报告》，2022年，对313家中华商标协会会员企业在全球196个国家和地区进行了商标国际检测预警，发现有22家知名企业的商标被抢注，年度被抢注比例为7%。相较于10年前，商标抢注现象有所减少，但抢注行为仍大量存在。因此我国企业加强海外商标保护迫在眉睫。

综上，商标的三个特征决定了商标注册的必要性。为保证我国商标在国外市场上合法使用，加强商标保护，避免海外抢注风险隐患，有利于企业顺利进入国际市场，未雨绸缪，做到“市场未动，商标先行”，商标国际注册是大势所趋。

二、商标国际注册的途径

(一)逐一国家注册

我国申请人可以依据各国法律,逐一向各国商标主管机关递交商标注册申请。此途径适用范围虽然广泛,但由于各国使用语言、申请注册条件、商标审查制度等存在差异,申请人需要准备不同语言、不同格式的申请书,并且通过多种货币缴纳各种费用,申请方式相对烦琐。因此,申请人通常委托海外律师或专业代理机构办理商标申请注册。

(二)地区注册

地区注册指向一个区域性国际组织提交商标注册申请,获准注册后,该商标保护效力作用于区域内各成员国。目前,商标地区注册的区域性国际组织有以下四个:

一是欧盟知识产权局(European Union Intellectual Property Office, EUIPO),负责欧盟国家的商标和外观设计的注册与管理。

二是比荷卢知识产权组织(Benelux Office for Intellectual Property, BOIP),负责处理比利时、荷兰、卢森堡三国的知识产权事务。

三是非洲知识产权组织(Organisation Africaine de la Propriété Intellectuelle,OAPI),由非洲地区官方语言为法语的17个国家组成。

四是非洲地区工业产权组织(African Regional Intellectual Property Organization,ARIPO),由非洲地区官方语言为英语的20个国家组成。

我国申请人可选择任意一个或多个区域性组织提交商标注册申请,以获得在该区域范围内的商标权利。相对于逐一国家注册,通过地区注册的方式,在注册商标时具有统一申请格式、统一语言、统一货币支付的优势,而申请获准注册后,获得该区域性组织覆盖的所有国家的商标专有权。然而地区注册的特点是以"全无"或"全有"的方式覆盖该区域,如果该申请被驳回,则在该区域的各个成员国都不能获得注册。

(三)马德里商标国际注册

截至2024年,马德里体系已拥有115个缔约方,涵盖131个国家和地区，覆盖世界贸易80%以上的领土范围，是目前在世界各国进行商标注册最重要的途径之一。马德里商标国际注册是一种便捷、高效的申请注册途径，具有多种优势。

1.效率高

申请人在原属局已注册或已提交申请的商标，只需要使用一种语言（英语、法语或西班牙语），提交一份申请，向一个主管局缴费，申请效率提高。

2.费用低

一是马德里体系注册费用标准明晰，要求缔约方的规费不得高于其国内注册费用。二是原属局与国际局相当于“邮筒”与“邮局”，帮助申请人进行申请书的审查、转交工作，从而节省海外律师费或代理费等费用。

3.时间短

马德里体系缔约方主管机关遵守自国际注册通知之日起12个或18月的驳回期限。马德里体系遵循“默许原则”，在上述所适用的驳回期限内，如果被指定缔约方没有发出临时驳回通知，所申请的商标即在该指定缔约方自动获得保护。

4.易管理

马德里体系提供“一站式”管理平台，有利于申请人后续管理相关业务。商标在指定国家获准注册后，后续相关业务，如后期指定、变更、转让、续展、删减等，提交一份申请后可一次性办理，简化了程序和手续，避免指定国家的繁杂流程。

三、我国商标国际注册面临的问题及对策思考

（一）商标国际注册面临的问题

1.企业主体海外商标品牌保护意识有待提升

根据2018—2021年我国马德里商标国际注册申请量（见图4-66）及企业法人单位数量统计（见图4-67），我国该时段通过马德里体系进行国际商标注册的申请率仅有0.02%—0.04%（见表4-1）。国际注册申请率低，反映了我国企业主体缺乏长远的商标品牌发展规划及海外注册布局意识，仅在有限商品和服务项目上完成国内商标注册。2021年，我国马德里商标国际

注册申请总量在全球排名第三,而排名第二的德国国际注册申请率达0.26%,排名第七位的日本国际注册申请率也有0.09%,这反映了我国马德里商标国际注册仍然与部分发达国家存在差距,企业主体海外商标品牌保护意识有待提升。

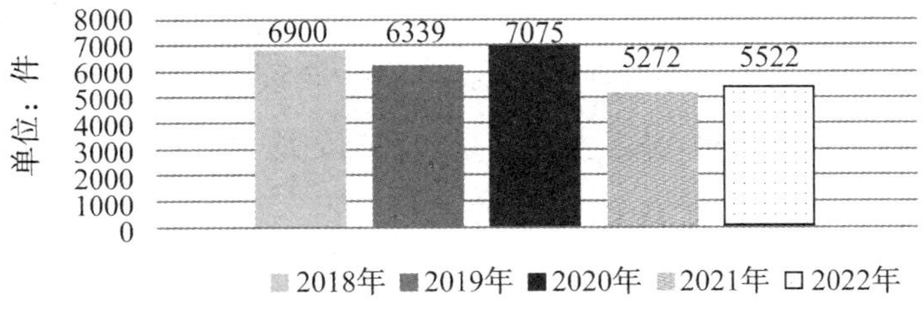

图 4-66　我国马德里商标国际注册申请量统计(2018—2021 年)

(数据来源:世界知识产权组织《马德里年鉴》)

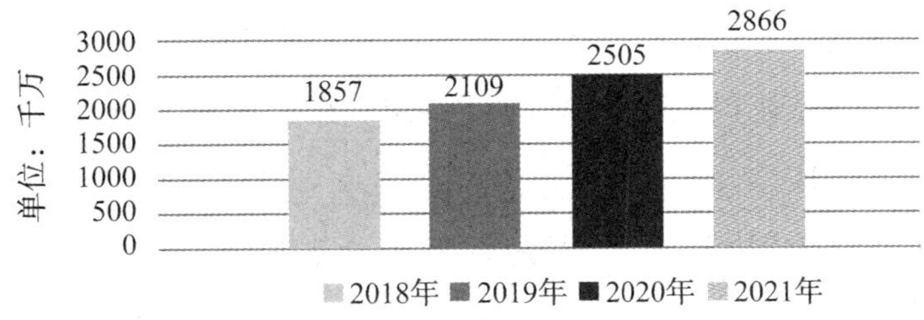

图 4-67　我国企业法人单位数量统计(2018—2021 年)

(数据来源:国家统计局)

表 4-1　我国马德里商标国际注册申请量占比

时间	企业法人单位数量/千万	国际注册申请量/件	申请占比
2018 年	1857	6900	0.04%
2019 年	2109	6339	0.03%
2020 年	2505	7075	0.03%
2021 年	2866	5272	0.02%
2022 年	—	5522	—

2.企业主体商标海外布局能力有待提升

商标海外布局能力是决定海外商标保护全面性、完整性的重要因素。国内部分企业尤其是中小企业缺乏知识产权专业人才和国际商标领域专门人才，没有专门人员研究商标国际注册的规则、程序、后续管理以及各国商标法律法规等。一些企业虽然单独设立了知识产权部门，但存在商标专员人员不足、在国际商标上的关注度不高等问题，导致在向国外申请注册商标时，完全依赖于代办机构，缺乏主动规划和布局的能力。

3.中文商标海外注册存在困难

我国企业主体在国内申请注册商标时，大多以中文为商标主体，但由于各国语言以及商标审查审理规则不同，中文商标在海外注册时面临一定问题。如在越南，对于中文商标的显著性审查很严格。根据越南《知识产权法》规定，非常见语言、简单形状和几何图形、数字或字母均缺乏显著性，中文商标获准注册可能性较小，因此要求提供商标使用和宣传证据等，证明商标已通过使用从而获得显著性。① 这在一定程度上增加了中文商标境外注册的难度和复杂性。

4.“中心打击”原则可能造成国际注册失效

企业在国内申请商标以纯中文为主，或是中英文组合申请。为了适应海外市场和所在国商标审查审理规则，一些企业会选择单独申请注册一个纯英文标识作为基础商标，再通过马德里体系进行商标国际注册。但这种情况可能面临一个实际问题：在国内大多使用纯英文或中英文组合的商标的企业，纯英文商标在经营中几乎不实际使用，因此可能会面临连续三年不使用而被撤销的风险。马德里体系“中心打击”原则规定，自国际注册之日起五年内基础商标未核准或被撤销或宣告无效后，国际商标同时失效。

（二）商标国际注册对策思考

企业作为商标使用主体，应充分发挥主动性，抢占先机，在国际市场保护好商标专有权。

---

① 参见张媛：《海外商标注册之文字标识选择策略》，《中华商标》2021 年第 8 期。

1.强化品牌管理,完善规划布局

加强商标品牌建设、品牌发展及运用管理规划,成立知识产权和商标品牌运用管理部门,制定商标品牌战略,重视商标品牌发展规划,提前制定海外商标布局及品牌策略。结合自身发展需求制定五年或十年品牌发展规划,从目标市场及注册国家、注册途径、指定商品和服务项目等方面,制定商标注册前期发展规划路径。

2.重视人才培养,塑造品牌文化

重视知识产权及商标专业人才选用及培养。商标品牌发展事关商誉及企业形象,要做好品牌规划,必须选用掌握商标法律法规知识以及相关商标国际注册条约、规则及注册程序的专业人才,实现选用人才关口前移。加强人才培养力度,以商标与知识产权领域为主要着力点,制定人才培养规划,持续提升人才专业能力,为提高商标海外布局水平奠定基础。

3.开拓目标市场,构建海外标识

针对中文商标"出海难"的困境,应结合目标市场和注册国家,结合中文商标以及企业自身发展理念,尽早设计相应的纯字母商标,便于海外注册。因此,企业要围绕海外业务拓展目标,促进商标国际化转型,不断强化商标国际化、本土化宣传和管理,面向国际市场讲好中国品牌故事,增强品牌国际竞争优势。

政府作为政策规划和服务部门,应充分发挥指导作用,完善商标品牌战略制度体系。

4.加大政策支持力度,普及商标国际注册

推动政府知识产权职能机构之间、企业行业之间形成强大合力,扎实有效地推进商标品牌指导站建设,结合社会经济与企业发展实际需求,推动商标品牌战略指导工作落实落地,建立政企对接联系机制,积极开展商标国际注册专项服务指导和宣传宣讲,引导企业加强商标国际注册与使用,提升商标海外保护意识。

5.建立健全信息平台,促进信息资源整合

信息平台以逐一国家注册、地区注册以及马德里商标国际注册信息为主，链接官方商标国际注册相关信息，普及商标国际注册知识，选树我国知名品牌培育发展案例，激发培育自主品牌意识；指导企业运用好世界知识产权组织网站实用工具，助力企业使用全球商标品牌数据库进行在先检索和事先查询；探索建立海外商标侵权预警分析机制，监测海外商标抢注风险，为企业与市场主体提供信息参考。

多元主体协同视角下老字号知识产权保护的实现路径

一、老字号的概念及蕴藏的价值

(一)老字号的概念

"老字号"的概念在我国法律中尚未明确规定,但在行政规范层面,《商务部关于实施"振兴老字号工程"的通知》(商改发〔2006〕171号)对"中华老字号"给出定义,是指历史悠久,拥有世代传承的产品、技艺或服务,具有鲜明的中华民族传统文化背景和深厚的文化底蕴,取得社会广泛认同,形成良好信誉的品牌。2023年年初,商务部会同文化和旅游部、市场监管总局、文物局、知识产权局联合制定了《中华老字号示范创建管理办法》(商流通规发〔2023〕6号),则对"中华老字号"的定义重新进行了调整,即是指历史底蕴深厚、文化特色鲜明、工艺技术独特、设计制造精良、产品服务优质、营销渠道高效、社会广泛认同的品牌(字号、商标等)。

(二)老字号蕴藏的价值

1.文化价值

老字号文化价值主要体现在:老字号依托中国传统文化形成了独特的文化现象;老字号承载了中国传统文化中的诚信至上、以德为先、开拓进取、爱岗敬业等方面的精神;老字号积淀了民族消费品之特色和制作技艺之精华,具有强大生命力和市场竞争力。由清末"红顶商人"胡雪岩创立的胡庆余堂依托贯穿始终的文化精神延续至今,从胡雪岩创立胡庆余堂伊始,便提出了"戒欺",立意之本是要对顾客生命负责。"采办务真,修制务精"是胡庆余堂制药的准则,这些一以贯之的经营理念支撑着胡庆余堂历经百年而不衰。全聚德"以德为先,诚信为本",茅台"天贵人和,厚德致远"等企业文化不仅继承了中华优秀传统文化的精髓,还是这些老字号保持生命力的原动力,成为屹立百年不倒的"金字招牌"。

2.功能性价值

老字号的功能性价值体现在老字号背后的工匠精神中,工匠精神是对品质的至高追求,是精雕细琢、精益求精,是职业道德和品质。正是由于老字号企业对品质的持续深耕,才逐渐获得人们对老字号的青睐和消费的忠诚度。无论是同仁堂的"炮制虽繁必不敢省人工,品味虽贵必不敢减物力",还是六必居的"秫稻必齐、曲蘖必时、湛炽必洁、水泉必香、陶器必良、火齐必得",都体现出老字号对于品质的坚守。

3.商誉

商誉一般指知名度以及声誉。商誉产生于企业的良好形象及顾客对企业的好感,老字号之所以在品牌上具有更多优势和更大的号召力,一方面老字号商标承载着长久积淀的历史文化,更重要的是老字号的商誉代表着由这些企业销售的产品或者服务品质优良。① 正是由于商誉增强了消费者的信任感,因此在现实中屡次出现不正当攀附商誉的行为,比如南京同仁堂药

---

① 参见张敏、杨萌:《老字号的商标商誉保护——以樊记腊汁肉夹馍为例》,《法制博览》2017 年第 3 期。

业有限责任公司与南京同仁堂乐家老铺保健品有限公司侵害商标权及不正当竞争纠纷案中，南京同仁堂系“中华老字号”企业。多年来，其在对外宣传、经营活动中使用的“南京同仁堂”企业简称，已取得了较高的知名度和识别性。2009 年 11 月 26 日，南京同仁堂受让了被告(原名南京御品至尊保健食品有限公司)20％的股权，被告因此更名为南京同仁堂乐家老铺保健品有限公司。更名后，被告不正当地利用现名称，突出使用了“南京同仁堂”“南京同仁堂乐家老铺”字样。法院判决认为，“老字号”企业因其悠长的历史积累了独特的商誉，“老字号”企业名称简称也逐渐产生识别商品来源的作用。商业主体不规范使用其企业名称，突出使用“老字号”企业简称，不当攀附“老字号”商誉，造成消费者混淆，应当认定构成不正当竞争。本案判决维护了南京同仁堂企业的合法权益，彰显了对“老字号”经营主体的最严格保护。

4.知识产权价值

老字号的知识产权价值实质上是一种无形价值。从表象来看，老字号知识产权价值表现为集体商标、证明商标、地理标志以及含有商号的企业名称等内容，而实质上则是以专利、著作权等多种知识产权形式来保护企业的商业秘密、祖传配方、独门绝技、经营理念等无形权利。正是老字号具有丰富且复杂的知识产权权利体系，也使得老字号知识产权被侵犯成为普遍现象。特别是在企业名称的注册中，由于其中的商号检索仅限于本行政区划内是否重名或近似，导致将他人商标作为字号进行抢注得以成功。之前的“楼外楼”和“西湖楼外楼”、“西四包子铺”和“北平西四包子铺”的纠纷中都反映出商标和商号冲突的负面影响，这是知识产权制度内的规范冲突。

综合看来，正是由于老字号具有多重价值且易被侵权，所以老字号知识产权保护应引起重视，这不仅是规范市场秩序的必然要求，也是维护市场主体合法权益和促进经济平稳健康发展的必然要求。

二、老字号企业知识产权保护面临的困境

截至 2024 年 2 月 1 日，商务部先后公布三批中华老字号名单，《商务部等 5 部门关于公布中华老字号复核结果的通知》中将长期经营不善，甚至已

经破产、注销、倒闭，或者丧失老字号注册商标所有权、使用权的55个品牌移出中华老字号名录[①]，其中被摘牌的食品类品牌“通三益”曾一度陷入商标纠纷，时过境迁，“通三益”没跟上时代发展的步伐，以致被迫退出老字号的行列。由此可见，众多老字号的消失是由诸多因素共同造成的，其中知识产权纠纷是老字号企业陷入困境的重要因素之一。

（一）侵权行为频发，企业缺乏品牌意识

老字号企业在长期生产经营活动中积累了较高的信誉和知名度，但部分老字号企业缺乏知识产权保护意识，易被他人抢注成商标、企业名称等，使得老字号企业需耗费巨大的人力、物力、财力去处理这些侵权行为，甚至在有些情况下，即使经历了长时间的协调和诉讼，仍未收获好的效果。例如，“王麻子1651”商标与其在先注册的“王麻子”系列商标诉争一案中，在诉争商标“王麻子1651”申请之前，北京某工贸公司就申请注册了包括“王二麻子”“王麻子”等100余件商标，且义乌某家居公司的法定代表人曾长期担任北京某工贸公司分公司的负责人，在对“王麻子”商标相关情况知晓的前提下，仍然申请注册与在先商标近似的商标，其主观意图很难说是出于善意，构成了不正当手段取得注册，法院最终判决将诉争商标“王麻子1651”予以无效宣告，维护了在先权利主体的合法权益。

（二）商标屡遭盗用，企业面临商誉风险

面对利益驱逐，一些不法分子铤而走险，选择通过侵犯老字号企业注册商标等形式牟取暴利，侵权商品流入市场，一旦出现问题，易对老字号企业的商业信誉造成损害。例如，中华老字号“稻香村”一直面临品牌侵权问题的困扰，每逢中秋、春节等销售旺季，市面上便纷纷出现“傍名牌”的侵权行为，尤其是一些小作坊产出的“贴牌”产品，质量无法保证，一旦出现食品安全问题，将严重侵害“稻香村”的商业信誉。

---

① 参见《55个摘牌！73个整改！品牌名单公布》，2023年11月11日，https：11baijiahao.baidu.com/s？id＝1782220393049144986&wfr＝spider&for＝pc。

（三）维权软弱无力，企业深陷维权困境

老字号企业在维权方面已投入人力、物力，但收效甚微。面对侵权行为，老字号企业维权时间长、成本高，且部分老字号经营商品时节性较强，维权的滞后性导致企业利益受损明显。

三、老字号企业知识产权保护的方向

当下我国无论是国家政策层面，还是地方规范层面，在老字号知识产权保护方面大都呈现出了三个特点：

（一）强调知识产权的取得

随着时代的发展和对知识产权了解的深入，这种对于源权利的重视，从最初仅注重商标权和专利权的获得，到如今扩展到了著作权、商业秘密等一系列知识产权，布局战略则延伸到了海外布局。

（二）依赖知识产权的行政保护

由于知识产权行政保护具有国家权威性，具有打击力度大、效率高的优势，因此在我国的应用不断加强，依赖知识产权行政保护的强制力已经成为客观趋势。

（三）建立起多元主体协同保护的格局

习近平总书记在《全面加强知识产权保护工作　激发创新活力推动构建新发展格局》讲话中强调：要综合运用法律、行政、经济、技术、社会治理等多种手段，从审查授权、行政执法、司法保护、仲裁调解、行业自律、公民诚信等环节完善保护体系，加强协同配合，构建大保护工作格局。最高人民法院、国家知识产权局联合印发的《关于强化知识产权协同保护的意见》指出：优化协作配合机制，强化协同保护力度，深化司法机关与知识产权管理部门在知识产权保护工作中的合作，共同推动构建知识产权“严保护、大保护、快保护、同保护”工作格局。

由此可见，从国家顶层设计来看，越来越重视知识产权的取得和保护，并由单纯行政保护向多元主体协同保护迈进。

四、多元主体参与老字号知识产权保护的路径分析

（一）政府部门打破行政边界，组建跨部门的老字号管理体系

商务部门、市场监督管理部门、知识产权管理部门加强联动，联合建立专门的老字号管理体系，充分加强政府相关主管部门的沟通交流，建立老字号政策文件互联网统一发布平台与官方查询渠道，促进老字号管理系统化。发挥政府部门作为中间人的协商调解职能，帮助解决不同老字号企业之间出于历史传承等特殊原因产生的疑难问题，降低不同企业间问题沟通解决的难度，减少企业寻求司法途径解决老字号争议问题的成本，缓解司法机关办案压力，提高老字号疑难问题的有效解决力度。

（二）司法机关与行政机关密切配合，发挥好防线保护职能

行政机关联合法院、检察院等部门建立知识产权纠纷解决一站式服务平台，缓解当事人应对知识产权侵权纠纷时常见的举证难、成本高、周期长等难题；针对侵犯“老字号”合法权益行为，由行政机关加强调查处理，再加上公、检、法机关支持老字号企业维护合法权益，形成保护合力；行政执法与司法审判建立信息共享机制，统一“老字号”知识产权侵权行为的认定标准；各级行政机关、司法机关积极配合，做好区域内知识产权领域的联合执法、案件调查、案件移送等工作。

（三）老字号协会积极引导，为老字号知识产权保护搭建桥梁

老字号协会充当企业和政府之间的桥梁，保障企业和政府之间的高效沟通；聘请专家为老字号企业开展商标品牌建设、知识产权保护等法律法规和政策宣讲与咨询服务；探索搭建老字号企业知识产权法律服务平台，聘请专业人员为老字号企业提供顾问服务，在依法合理维权的原则下，通过风险代理等多种形式，将涉及知识产权的行政、司法案件予以委托，减少侵权案件对于老字号企业正常经营的影响；推动行业组织加强知识产权保护，建立和健全知识产权保护和法律风险培训，提升市场主体特别是老字号企业的知识产权保护能力。

（四）老字号企业修炼好“内功”，提升保护知识产权的能力

老字号企业应主动做好知识产权体系布局，通过及时注册普通商标、集体商标和证明商标、申请专利、登记著作权等方式，对其企业字号、工艺、服务等建立预防保护机制，降低维权风险和成本；建立有效的知识产权市场监测预警系统，发现侵权行为立即启动调查取证、协商调解、法律维权等一系列保护机制。

以景区名称作为商标注册的常见问题分析

我国幅员辽阔，景区众多，在商标审查实践中，将景区名称申请注册为商标极为常见，其中不乏许多驰名商标，例如“长城”“崂山”等。然而，并不是所有的景区名称都能获准注册，像近期引发热议的第58776839号“鼓浪屿GULANGYU”商标就被商标局以对商品的产地、来源产生误认为由驳回。为什么景区名称被频频注册为商标？哪些因素决定了景区名称能否被注册为商标以及如何做好景区名称商标的申请与保护？本文将结合具体的案例和法条进行分析。

一、景区名称作为商标注册的原因

根据《旅游景区质量等级管理办法》，旅游景区是指可接待旅游者，具有观赏游憩、文化娱乐等功能，具备相应旅游服务设施并提供相应旅游服务，且具有相对完整管理系统的游览区。[①] 景区名称作为一种可注册的商标资源，具有一定的公共属性，景区管理者和其他商事主体享有平等使用和注册的权利，申请人选择将景区名称注册为商标，通常出于以下几个原因：

其一，知名景区往往以优美的自然风光或独特的人文气质吸引着消费者的目光，通过利用在公众中已有一定声誉或知名度的景区名称，能够更好

① 《中华人民共和国文化和旅游部关于印发〈旅游景区质量等级管理办法〉的通知》，2012年5月9日，https://zwgk.mct.gov.cn/zfxxgkml/zcfg/gfxwj/202012/t20201204_906214.html。

地利用景区名气销售商品或提供服务。所以，景区名称商标相比普通商标展现出更高的文化、商业和品牌价值。

其二，景区的高知名度易引发“公地悲剧”或恶意抢注等侵权行为，部分申请人通过抢注几十甚至上百个商标，向他人索要高额转让费、许可使用费、侵权赔偿金，或者进行误导公众的宣传，以期获得高额回报。

其三，景区管理者(包括主管部门和运营者)为做好景区的宣传推广和品牌保护，通过规范的商标注册流程和后续的商标异议、无效宣告、申请撤销连续三年无正当理由未使用的注册商标等方式有效维护自身合法权益。

二、景点商标能否核准注册的考虑因素

在商标审查过程中，是否核准注册主要从以下两个方面进行考虑：

(一)是否违反相对条款

这里是指商标是否具有显著特征及与在先商标是否相同或近似。[①] 无论相同或近似均需结合商标申请的类别来考虑。如第 22297795 号“长白山天池”商标(见图 4-68)，与第 1719314 号“长白山天泉”商标(见图4-69)，会被判定为近似，原因在于这两件商标指定使用的果汁等商品属于同一种或者类似商品，且在文字构成、呼叫等方面相近，若共存于市场，易造成消费者的混淆和误认。

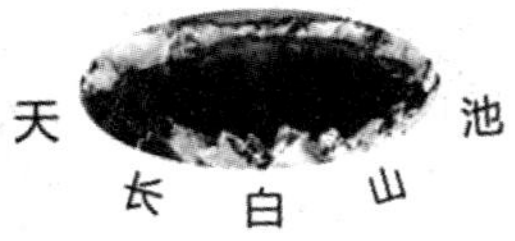

图 4-68 “长白山天池”商标

图 4-69 “长白山天泉”商标

《商标法》第十一条规定：

> 下列标志不得作为商标注册：(一)仅有本商品的通用名称、图形、型号的；(二)仅直接表示商品的质量、主要原料、功能、用途、重量、数量

① 《国家工商行政管理局关于商标行政执法中若干问题的意见》第五条指出：相同商标是指两商标相比较，文字、图形或者文字与图形的组合相同或者在视觉上无差别；近似商标是指两商标相比较，文字的字形、读音、含义，或者图形的构图及颜色，或者文字与图形的整体结构相似，易使消费者对商品或者服务的来源产生混淆。

及其他特点的；（三）其他缺乏显著特征的。

前款所列标志经过使用取得显著特征，并便于识别的，可以作为商标注册。

而景区名称作为有固定指向性的地名词汇，加之具有一定的知名度，因此在商标的显著特征方面具有天然的缺陷，即作为商标使用在39类3911类似群与旅行相关的服务项目上，易使消费者将该商标与其所指示的景区相联系，直接表示了服务内容的特点，难以起到区分服务来源的作用，故应适用《商标法》第十一条第一款第二项予以驳回。

北京市高级人民法院在〔2018〕京行终2014号行政判决书中的认定体现了这一观点，诉争商标为图文组合商标（见图4-70），该商标由“马山仙境”和群山图形组成，诉争商标的显著识别部分为中文“马山仙境”，百花洞经济联合社认可“马山仙境”为其经营管理的旅游景区名称。由于旅游景区名称通常可以向消费者表明旅游的目的地和相应的内容，故诉争商标若使用在“旅行陪伴；安排游览；旅行预订”服务上，直接表明了该服务的内容等特点，缺乏显著特征。

图4-70 “马山仙境”商标

从以上判决可以看出，判断景区名称具有显著特征的重要因素是必须具有可识别性，能够向相关公众指示商品或服务来源，因此需要根据商标整体的呼叫、含义、外观，结合申请指定使用的商品或服务项目和相关公众的认知来综合判断。景区名称申请在与自然、人文因素没有太大联系的商品或服务项目上，商标符合具备显著特征的要求，可以准予注册，例如黄山（申请在服装上）。

（二）是否违反绝对条款

1.违反《商标法》第十条第一款第七项的规定

此项规定中对产地产生误认主要是含地名商标指定使用的商品并非来源于该地名所标示的地区，容易误导公众。如厦门某公司申请的第58776839号“鼓浪屿GULANGYU”商标（见图4-71），被商标局以“鼓浪屿”作为商标指定使用在指定商品上，易使相关公众认为商标指定商品与鼓浪屿存在特定关联，从而对商品的产地、来源产生误认为由驳回。但地名有其他较强含义或申请人是景区的管理机构，一般不会引起产地误认。如国家知识产权局《关于第48506039号“茶卡盐湖景区”商标无效宣告请求裁定书》（在商评字〔2024〕第0000034731号）中认定：

鼓浪屿
GuLangYu

图4-71 “鼓浪屿 GULANGYU”商标

争议商标“茶卡盐湖景区”并不带有欺骗性，从而易使公众对商品的质量等特点或者产地产生误认，但争议商标由纯文字“茶卡盐湖景区”构成，使用在指定服务上仅直接表示了服务的内容等特点，且争议商标整体使用在指定服务上亦不易使消费者将其作为商标加以识别，难以起到区分服务来源的作用，缺乏商标应有的显著特征，故争议商标的注册违反了《商标法》第十一条第一款第二项、第十一条第一款第三项的规定。因此，如果景区商标由景区的管理机构来申请，虽一般不涉及误认条款，但也要结合指定使用的商品或服务项目考虑整体是否具有显著特征。

2.违反《商标法》第十条第一款第八项的规定

例如，武汉革命博物馆申请的第48643684号“起义门”商标（见图4-72），“起义门”是武汉革命博物馆的下属场所，是辛亥革命的历史见证。因该商标为武汉著名红色景点，故被商标局以“起义门”作为商标使用易产生不良影响为由予以驳回。在判断商标是否具有不良影响时，应当考虑商标整体或者其构成要素是否可能对我国的政治、经济、文化等社会公共利益和公共秩序产生消极、负面影响。在判断是否涉及宗教方面的不良影响时，一方面需要考虑商标标志本身是否具有宗教含义，另一方面，需要判断此种标志是否有损于宗教信仰、宗教感情或者民间信仰。例如龙山禅泉公司申请的第17685380号“禅泉度假酒店 ZEN HOTSPRING RESORT”商标（见图4-73）。

起义门

图4-72 “起义门”商标

图 4-73 “禅泉度假酒店 ZEN HOTSPRING RESORT”商标

原商标评审委员会以“禅”字为佛教用语，与宗教有关，诉争商标指定使用在复审服务上易有伤害宗教人士感情之意，适用《商标法》第十条第一款第八项的规定予以驳回。龙山禅泉公司不服，向北京知识产权法院提起诉讼，北京市知识产权法院参照在先北京高院作出的第 2491 号行政判决中第 10491073 号“禅智”商标结论，认为第 2491 号行政判决中有关“禅”字与宗教密不可分，使用在商标中易产生不良影响的认定，不会因为上述服务类别的差异而有所改变。故对于本案相关问题的认定，应当与上级法院在先作出的第 2491 号行政判决中的相关认定保持一致，即认定本案诉争商标易产生不良影响。最后，龙山禅泉公司不服判决，向北京市高院提起上诉，北京市高院作出终审裁决，认为龙山禅泉公司主张“禅泉”为地名，但如果地名中含有宗教色彩的词语，则该地名因可能会对宗教产生消极、负面的影响，其也不能作为商标标志的构成要素或者商标标志进行使用，故不支持龙山禅泉公司的上诉理由。[①] 由此可以看出，在审查实践中对不良影响的判定标准较为严格，申请人需要审慎申请。

3.违反《商标法》第十条第二款的规定

如“阿里”为我国西藏自治区内的县级以上的行政区划地名，不得作为商标注册；“米兰”系意大利共和国的城市名称，属于我国公众知晓的外国地名，不得作为商标注册。《北京市高级人民法院商标授权确权行政案件审理指南》第二部分“相关实体问题 8.10 地名商标的其他含义”中认定，具有下列情形之一的，可以认定诉争商标整体上具有其他含义：

(1)诉争商标仅由地名构成，该地名具有其他含义的。如“凤凰”商标，一是指凤凰县，隶属于湖南省湘西土家族苗族自治州，为国家 AAAA 级景

① 北京市高级人民法院(2017)京行终 3125 号行政判决书。

区;二是指古代传说中的百鸟之王。

(2)诉争商标包含地名,但诉争商标整体上可以与该地名相区分的。如“应县木塔”商标,“应县”是隶属于山西省朔州市的县级行政区划。“应县木塔”全称为“佛宫寺释迦塔”。“应县”虽然为县级以上地名,但“应县木塔”作为我国著名的风景名胜以及重点文物保护单位的名称,整体上已经形成了区别于“应县”地名的其他含义。

(3)诉争商标包含地名,整体上虽不能与该地名相区分,但经过使用足以使公众将其与之区分的。如“哈尔滨冰雪大世界”商标,“哈尔滨”是黑龙江省辖副省级市,是我国县级以上行政区划,“哈尔滨冰雪大世界”是由哈尔滨市政府主导推出,由哈尔滨冰雪大世界股份有限公司承办和运营的知名工程和乐园景点,先后荣获“年度国内最佳网友好评景点”“全国最佳旅游景区”等20余项荣誉,已具有区别于“哈尔滨”地名的其他含义。

4.违反《商标法》第四条第一款、《商标法》第四十四条第一款规定

《商标审查审理指南》明确指出,大量申请注册与行政区划名称、山川名称、景点名称、建筑物名称等相同或者近似标志的,属于不以使用为目的的恶意商标注册申请。北京高院在〔2020〕北京市高院在京行终4042号行政判决书中认定:诉争商标申请注册人飞科公司先后在多个类别上申请注册了包括诉争商标在内的“卡普朗”“云崖溪谷”“昊域”“大若岩”等300多枚与知名景点名称相同或近似的商标,飞科公司提交的证据不足以证明上述商标申请注册的真实意图及实际进行了使用,其对上述商标的囤积行为已经超出了生产经营的实际需要,扰乱了正常的商标注册管理秩序,损害了社会公共利益,构成《商标法》第四十四条第一款规定的情形。由此可见,市场主体申请注册商标须从自身的合理需要出发,且应有真实的使用意图。这种大量提交地名和景点名称等公共资源作为商标的行为,属于不以使用为目的的恶意注册,受到《商标法》的严格限制。

综上所述,景区名称在满足一定条件下可以注册商标,但需要遵守《商标法》的相关规定。首先,要梳理申请主体是否为景区主管部门或运营者这种适格主体。若主体适格,建议不要申请注册与旅游相关的商品或服务项

目，例如3911类似群；若不是适格申请主体，则商标审查阶段可能会根据《商标法》第十条第一款第七项予以驳回；即使成功注册，也会因为《商标法》第四十四条第一款的规定予以无效宣告。其次，景区商标均不能违反地名、误认、不良、恶意等条款，且须整体具有显著特征。虽然景区名称在注册商标时，可能因为含地名、误认、缺少显著特征等问题被驳回或是无效宣告，但是也有可能通过提供有力的使用证据拿到商标，例如“哈尔滨冰雪大世界”商标。因此，景区管理者和其他商事主体通过专注经营提升知名度才是王道。

三、景区名称商标申请和保护的建议

（一）景区管理者加强商标保护

景区管理者不能当然地获得以景区名称为内容且涵盖多个类别的商标专用权，同样需要依法进行注册取得商标专用权。为避免因申请注册不及时造成商标资源流失，保护好自有品牌，景区管理者应当积极制定实施商标战略和做好商标布局，对有代表性的景点名称，应及时申请注册商标；对恶意抢注商标的行为及时提出异议、无效宣告，并对恶意侵权行为及时提起诉讼。

（二）商标注册和使用秉持诚实信用原则

诚实信用原则作为民法中的“帝王”条款，是所有自然人、法人或其他组织不管从事何种民事活动均应遵循的法律原则和道德规范，因此，所有自然人和商事主体在景区名称商标的申请、注册和使用过程中都应秉持诚信原则。申请注册商标前，应注意对在先商标注册信息进行充分检索，避免权利冲突；按照法律法规的规定办理商标注册申请，不以欺骗或其他不正当手段试图获得注册。申请注册商标应当有真实使用意图，满足自身正常的生产经营需要，杜绝不正当占用商标资源且扰乱商标注册秩序的行为，且不得非法排除他人合理使用。

四、结语

一个名称响亮的商标会在品牌发展过程中提供强大助力，但是只有真正脚踏实地地专注经营，才会将商标的作用真正发挥出来。否则，再有名的地名也会过气，再响亮的商标也会归于平凡。对于景区管理者和其他商事主体来说，始终需要用过硬的质量和服务来提升商标的知名度和消费者的认可度。